本书得到国家自然科学基金面上项目"创新价值链视角下的非核心企业创新行为模式演化机理研究"（71573113）的资助

Innovative Development of Non-core Enterprises:

Theory and Empirical Evidence

非核心企业创新发展：

理论与实证

王伟光　由雷　张钟元　著

经济管理出版社

ECONOMY & MANAGEMENT PUBLISHING HOUSE

图书在版编目（CIP）数据

非核心企业创新发展：理论与实证／王伟光，由雷，张钟元著 . —北京：经济管理
出版社，2022. 10

ISBN 978-7-5096-8741-3

Ⅰ . ①非… Ⅱ . ①王… ②由… ③张… Ⅲ . ①企业创新—研究 Ⅳ . ①F273. 1

中国版本图书馆 CIP 数据核字（2022）第 184472 号

组稿编辑：高　娅
责任编辑：高　娅
责任印制：黄章平
责任校对：张晓燕

出版发行：经济管理出版社
　　　　　（北京市海淀区北蜂窝 8 号中雅大厦 A 座 11 层　100038）
网　　址：www. E-mp. com. cn
电　　话：（010）51915602
印　　刷：唐山玺诚印务有限公司
经　　销：新华书店
开　　本：710mm×1000mm /16
印　　张：8. 5
字　　数：141 千字
版　　次：2022 年 10 月第 1 版　　2022 年 10 月第 1 次印刷
书　　号：ISBN 978-7-5096-8741-3
定　　价：98. 00 元

前言

在新发展格局下，随着现代产业体系日渐完善，形成了各种类型的产业创新网络。在集群网络中，不仅存在着处于中心地位、具有较强创新行为和能力、规模较大的核心企业，也存在着处于从属地位或创新价值链中下游位置、组织架构单一、创新能力弱、规模相对较小的，为核心企业提供代工、配套产品、受控于核心企业的非核心企业，这些企业之间的相互作用、相互转化构成了现代产业体系变迁的重要内容。围绕非核心企业的概念、特点、技术创新能力、组织架构等内容，本书分析了非核心企业的创新机理和发展特点。基于集群网络中企业的调研数据，本书筛选出非核心企业，进而对非核心企业的技术创新能力、反向知识溢出、知识增长效应等进行实证研究，为探索新发展格局下企业创新能力提升路径和产业高质量发展提供了一种新的研究思路。

随着中国经济的不断发展，国内形成了一批典型的产业集群。各个产业集群在其发展壮大过程中不断升级，促使原有的集群和新产业集群正在从低端化的集群模式向创新集群模式转变，如中关村科技园、张江高科技园区以及各地建立的高新技术园区等。创新集群中知识的流动成为企业间交流合作的重要组成部分。在整个创新过程中，企业是进行技术创新并最终将技术转化为商品的主体，随着国家创新战略的不断推进，企业不断创新已经成为国家自主创新能力提高的主要动力。从产业结构的角度探究中国经济的发展，中国的经济主导产业已经从资源密集型产业转向服务业和技术密集型的制造业，这就表明经济发展的动力已经从要素驱动、投资拉动向创新驱动转变。随着生产分工越来越精细化，企业之间的合作就显得尤为重要。单个企业受自身的资金、设备、人才等条件限制，创新能力不如在集群网络中建立广泛联系的企业。所以，积极建立广泛的集群网络、组成创新网络联盟的形式成为越来越多企业的共同选择。在创新集群中，企业自身禀赋差异、在集群内的不同位置使企业处于不同的地位。本书根据企业在集群中的地位将集群中的企业分为核心企业与非核心企业，非核心企业是较为弱势的一方，这其中又以中小企业占大多数。中国的中小企业占全国企业总数的99.7%，能够提供的城镇就业岗位超过80%，创造的最终产品和服务相当于国内生产总值的60%，上缴的税收占比超过50%，中国发明专利的65%、企业技术创新的75%以上和新产品开发的80%以上，都是由中小企业完成的①。中小企业不仅在解决就业、改善民生、稳定社会方面作用巨大，而且在创新活动中也积极发挥作用，推动了创新活动的产生，促进了经济发展。在学术研究上，中小企业如何通过自身知识吸收、技术改造、产品研发向大企业转变的研究正在逐渐增多，如何利用日益重要的中小企业灵活而富有活力的优势进而使其在创新集群中发展为占据核心地位的企业，成为值得探索的问题。只有集群网络中占据大多数的非核心企业（绝大多数为中小企业）不断发展，不断裂变出新的集群网络，整个经济才会充满活力，这就对企业家、政府面对错综复杂的新形势提出了更高的要求。

近年来，中国认识到只有大力发展科学技术才能实现"弯道超车"，追赶上发达国家。但由于中国科技管理体制还不完善，一些长期形成的制度障碍使高校、科研院所与企业的科技创新活动割裂开来，不能将科技成果转化为先进的生产力。这不仅造成大量的科研资源浪费，也导致许多企业创新绩效偏低，重大创新难以突破。如果中国的企业在技术创新活动中不能发挥主导作用，那么将制约中国自主创新能力的提升，所以必须强化企业技术创新的主体地位。随着中国经济不断发展，创新集群这一高级组织形式已经具备了开展的条件，并且已经在中国许多地方产生并且发展。但是，国内学者对创新集群的研究偏向静态研究，缺乏动态、系统分析创新集群的框架，特别是对于创新集群中占据大多数的非核心企业研究甚少。

---

① 王继承. 中小企业2013年度报告 [J]. 中国经济报告，2014（2）：61-67.

　　该成果得到了国家自然科学基金项目的支持和资助。研究团队结合实地调研，对非核心企业创新问题进行了探索，试图为解释相关问题提供一种思路。感谢经济管理出版社高娅编辑的辛苦付出。在研究过程中，我们也参考学习了同行的相关研究成果，笔者在此表示感谢。期待着同行和读者多多批评指正。

目录

第一章

理论基础

一、创新网络

党的十九大报告指出，中国经济已由高速增长阶段转向高质量发展阶段。面对如何改变低端锁定现状，提高企业产品附加值，在全球价值链中占据更高位置等一系列问题，创新被提到一个前所未有的高度。当今国内外经济增速趋缓，新技术更迭加快，以大数据、"互联网+"、物联网、人工智能等为代表的新经济发展时代已经来临。国际竞争日益激烈，实体经济发展重新被重视，各国都在积极推行新工业创新计划，如"美国再工业化""德国工业 4.0"等，从国家层面体现了以创新推动经济发展的愿景和决心。中国在工业化进程中，已经基本完成初步积累，建立了世界上最全的工业体系门类。但是中国整体制造业大而不强，众多制造业企业在全球化竞争中处于"低端锁定"的尴尬境地（张慧明、蔡银寅，2015）。近年来，随着中国人力成本、原料成本、生态成本上涨，一些缺乏核心技术、依赖粗放型生产扩张的制造业企业维系艰难。通过提升创新能力来提高自身在行业中的位置，从低端走向高端，从大到强，从中国制造走向中国创造，已经成为企业主动适应或被动改革的必然选择。

（一）创新网络的概念

创新理论是熊彼特在 1912 年出版的《经济发展理论》一书中首次提出的。最早提出创新网络概念的学者是 Imai K. 和 Baba Y.（1989），他们将创新网络定义为应付系统性创新的一种基本制度安排，创新网络中连接企业间的机制是创新合作关系。而后，Galindo 等（2013）认为三个因素——

GDP、创新和创业对企业家精神具有积极影响作用。Kalanit Efrat（2014）认为，文化在某一时间段内间接或直接影响创新，并且大多数文化对创新的影响周期持久。Antonelli 和 Fassio（2013）认为经济全球化带动产品和资本市场的全球化，劳动力丰富的国家进入国际市场对发达国家产生深远的影响，不同劳动力的引入，导致不同技能的引入，从而使技术发生变革。Mahroum 和 AL-Saleh（2013）研究了"采用创新"的概念，认为采用创新式创新体系的效率和有效性需通过访问、锚定、扩散、创建和开发几个环节实现。Erkko Autio 等（2014）分析了企业家创新和环境的研究框架，在此模型下，比较分析了创新网络、企业家精神和企业家创新的属性。

以前的研究中，学者普遍认为企业所进行的技术创新主要是企业内部的个体活动。随着研究的深入，20 世纪 80 年代后，人们发现技术创新更倾向于是一个需要企业间合作的复杂的过程。为了进行创新活动，企业等组织被迫需要与其他组织建立联系和交流，以获得所需要的技术、信息和资源。因此，创新网络的组织形式应运而生，关于这种组织形式的研究也就此拉开了序幕。

Freeman（1991）明确提出了有关创新网络的概念，他把创新网络总结为一种系统性创新的制度安排，不同于正式的合作机制，它为企业创造了一个沟通和交流的平台。Lundwall（1988）把创新网络抽象地形容成一种企业间的联网行为。企业间的沟通、交流和合作构成了一个复杂的网络，网络中每一个联系称为联结点，每一个节点都是一个合作创新关系。王大洲（2001）对创新网络与其他组织形式进行了区分，他提出创新网络与短暂的合作和同盟等概念的区别是：创新网络更具有组织性，是一种比较正式的合作形式，而合作创新更倾向为一种短暂的行动和动机；创新网络也是合作的一种，只不过是所有竞争与合作关系的加总，利益相关者更多。吴贵生、李纪玲（2000）认为，创新网络是参与其中的企业的一种协同与合作，它们共同参与新产品与新技术的开发与扩散，共同承担责任，共同分享利益，建立了一种灵活的互利互惠机制。Freeman（2017）把创新网络的类型分为合资企业和科研公司、合作研发协议、直接投资、技术沟通协议、准许证协议、分包、研究协会、政府资助的联合研究项目等。其中，马歇尔工业区和第三意大利工业区比较相似，它们都具有高度的纵向一体化和横向一体化特征，但除此之外，后者还能够有更高的交流合作性特征；而日本企业创新网络可能具有更高的组织协作和纵向一体化特征。

我国关于创新网络的研究最早始于产学研创新，产学研创新理论研究始于 20 世纪 90 年代。朱桂龙、彭有福（2003）界定了创新网络的概念，认为创新网络是由企业、高等院校和科研院所自主协商组成的从事研究开发、生产营销、咨询服务等活动的联合机构。万幼清、邓明然（2007）认为通过创新可以提高企业的技术能力和学习能力，夯实各方的知识基础，有助于企业的持续创新，最终促进各方核心能力的形成和发展。李伟、董玉鹏（2014）提出创新的合作机制是在国家、高校、科研院所、金融机构和企业之间优势互补、利益共享基础上产生的，具有风险共担、利益共享的特征。仲伟俊等（2009）认为衡量创新网络水平的指标不能用科技成果转化率，创新网络合作应由基于成果的合作向注重能力的合作转变，加快提升创新网络技术水平的关键是要增强企业技术创新的积极性和能力。洪银兴（2014）认为创新的环节主要在科学发现或创新的知识孵化为新技术的阶段，在研发新技术的过程中，企业家和科学家交互作用，体现知识创新和技术创新，大学作为创新中心同企业共建创新平台，政府在其中起着引导和集成作用。

（二）创新网络的形式

随着创新网络理论的发展，无论是技术创新理论研究，还是制度创新理论研究，都越来越重视创新，创新网络是产学研合作的高级形式[1]。创新网络是以企业为核心形成的与其他各利益相关主体（政府、高校、科研院所、金融机构、中介机构、其他企业等）在交互式的作用当中建立的相对稳定的、能够激发或促进创新的、正式或非正式的关系总和[2]，是将各个创新主体要素进行系统优化合作创新的过程[3]，创新网络发展可以促进系统内人、财、物、信息等各种要素的相互补偿、优化配置和高效整合。

（三）创新网络的功能

对于创新网络的功能，学者分别从不同的角度进行了分析。交易费用

---

[1] 陈劲，殷辉，谢芳. 协同创新情景下产学研合作行为的演化博弈仿真分析 [J]. 科技进步与对策，2014（3）：1-7.

[2] 张中强. 基于管理维度的制造业与物流业协同创新研究 [J]. 科技进步与对策，2012（5）：95-98.

[3] 陈劲等. 协同创新的理论基础与内涵 [J]. 科学学研究，2012（9）：161-164.

观点认为，创新网络能够节约企业间沟通和交流的成本，花费较少的费用；资源互补观点认为，创新网络能够使企业间进行资源交流，进而形成资源互补；知识创造观点认为，创新网络使企业间合作加强，进而为知识创造提供条件和便利。Levén P.（2014）指出，由于技术不同于一般商品的特殊性，因而实现其交易必须有一种特殊的实现形式。这种实现形式要求企业间的关系应该不同于市场机制中纯粹的"买卖关系"，这种关系应该是一种建立在信任基础之上的既不是一种纯组织也不是一种纯市场的交易方式，即网络化市场交易。企业在这种关系下能够进行频繁的交流与合作，建立一种信任关系，并对所得收益进行划分。Karlsson C.（2014）认为网络中的组织相对于其他组织更容易获得中心位置与影响力，在创新系统内不仅可以促进网络中的知识交流和交换，还能创造新知识。Sandberg J.（2015）表明，协作以及为了协作而提供更加方便的交流机制的网络空间，对于知识转移、知识溢出、知识转化有重要促进功能。Lee A. H.（2008）通过对市场中学习机制的研究，认为创新网络能够提供知识交易的渠道和降低学习的风险。在提高网络创新绩效方面，王伟光、冯荣凯等（2011）从创新意识、创新资源、合作网络、创新活动、创新绩效和创新环境六个方面分析了沈阳市铁西区装备制造业网络的创新绩效和能力。王伟光、尹博等（2012）从大连软件产业园区的创新意识、资源、合作网络、创新活动、绩效、环境这六个角度着手，提出通过培育本土化的大企业，构建开放的创新人才资源整合机制，显著提高核心技术能力及大连软件创新网络创新能力的方法和政策建议。

二、创新价值链

创新价值链是近些年比较新的理论研究领域，研究热度与各国创新发展政策发布时机较为一致。创新价值链的研究文献几乎均出现在 2000 年以后，2005 年以前国内外期刊中仅有零星几篇，并且在概念上与后期创新价值链定义有所差别。对 2005 年到 2017 年上半年的文献以创新价值链为关键词进行检索，国内外文献已有百余篇，总体数量上相对较少，但近年来逐步呈现上升趋势，并在 2015 年达到第一个峰值。2010 年《美国制造业振兴法案》推出，2011 年以后国际上创新价值链论文数量稳步上升，2012 年底党的十八大提出"创新驱动发展战略"，自 2013 年开始国内相关文献出现了创新价值链关注热潮。学术界对创新价值链的探讨与经济战略发展方向在时间节点上较为一致，说明制造业企业转型升级过程中，创新价值链的促进作用已经得到学者们的认可。

(一) 创新价值链的基本内涵

作为一个新概念，目前国内外对创新价值链 (Innovation Value Chain, IVC) 的研究尚不完善，未形成权威统一的定义。一般认为，创新价值链的提出源自 Morten T. Hansen 和 Julian Birkinshaw 在 2007 年 6 月的 *Harvard Business Review* 上发表的一篇题为 *The Innovation Value Chain* 的论文。他们研究了管理者行为如何促进企业产生创意并把它付诸实践，提出了创新价值链的定义，并将创新视为一个循序渐进的过程。随后关于创新价值链的研究和应用逐步扩展，现在已经远远超过了 Morten 和 Julian 最初的研究范围，并且在多个研究领域取得了很好的研究效果。

创新价值链结合了技术创新理论与价值链理论，是融合了知识性和价值性的新理论边缘概念。专家学者公认创新价值链具有链式结构，链式结构是独立环串接而形成的一种物理形态，由基本单元和链接单元构成，创新过程可以拆解，发生在不同环节、不同部门，伴随着知识流动与交换相互关联。创新价值链理论中涉及产业链、价值链、技术链、创新链等基本概念 (马云俊, 2013)，与之相关的有全球商品链 (Global Commodity Chain, GCC) (Gereffi Korzeniewicz, 1994; Parrilli, 1998)、全球价值链 (Global Value Chain, GVC) (Humphrey and Schmitz, 2004)、全球生产网络 (Global Production Network, GPN) (Ernst and Kim, 2002)、知识价值链 (Knowledge Value Chain, KVC) (Powell T., 2001) 等概念。现有研究中，概念应用类文献相对较多，关于定义本身和具体结构的文献相对较少。其中，基于知识扩散视角和基于价值实现视角的定义最具代表性，得到了多数学者认可，并被广泛引用。但创新价值链定义中知识价值、产品价值双重价值属性也形成了学者对创新价值链概念描述和应用差异的主要来源。

以知识扩散为视角的创新价值链研究相对宏观，从原理生产到知识应用对创新价值链结构进行定义。最具代表性的是 Hansen M. T. 和 Birkinshaw J. (2007) 的观点，他们按知识获取、转换与开发利用的循环往复过程将创新价值链分为创意产生、创意转换和创意扩散三个阶段，现有文献中大多以此概念为基础进行扩展研究。在知识产生到扩散环节，对创新过程、驱动因素、推动因素（Ozorhon，2010）、商业服务（Roper S. and Arvanitis S.，2012）以及客户影响（Kilinc N. et al.，2015）等方面进行研究，从不同层面、不同角度体现了企业知识搜集、获取、创造并实现商业化的过程。由于知识的弱边界属性，研究范围从企业层面向国际化视角延伸（Chaminade C. and Vang J.，2008），进一步丰富了创新价值链内容（Porter M. E. and Kramer M. R.，2011），在分析发展中国家（Lee J. et al.，2012）发挥追赶优势过程中，也表明了该理论极具生命力。不同学者对知识视角下创新价值链的定义解释稍有不同，例如，关联 SCRUM 方法提出改进创新价值链定义（Barton B.，2009），或将创新价值链前期结构细化为创意动力阶段、产生阶段、转化阶段和扩散阶段（张慧颖、戴万亮，2011），建立包含六个关键活动的三阶段创新价值链模型（曾蔚等，2017），但与创新主体组成和知识扩散中创新价值链的结构单元研究结果基本类似。基于知识扩散视角的文献显示，创新主体构成复杂，包括企业、科研机构、大学、投资机构（包括公共和私人投资）、政府、中介机构、推广机构（黄钢等，2006）等。该视角研究范围相对较大，小则分析某国的某行业，大则以国际化视角进行宏观层面分析。虽然研究范围和角度不同，但基本都反映出创新过程具有三段式结构，即通过收集所需要的知识（知识源），将其转化为创新成果（新产品或新工艺），并最终推向市场实现知识价值（销售额增加、生产率提高等）（Roper S. et al.，2006）。横向视角下以企业为创新主体，联合了创意开发和市场需求多主体部门，形成"知识生产—知识应用—知识扩散"的创新过程（见图1-1）。一项创新从创意产生到知识扩散再到实现商品化生产需要多个环节协同，知识价值逐步累积最终体现在新产品价值上。产品创新所体现出的价值属性使知识扩散和价值实现两种视角的创新价值链研究开始交汇。

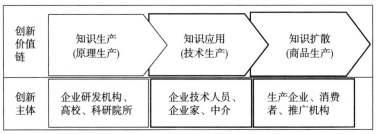

图1-1 知识视角下创新价值链结构

　　以价值实现为视角的创新价值链研究相对微观，从产品设计到产品生产对创新价值链结构进行定义。此视角的定义在实践应用方面，尤其是研究中国环境下企业创新活动中得到广泛引用。于永泽、刘大勇（2013，2014）认为基于生产视角下创新价值链可分解为创新投入、创新知识凝结、创新成果实现三个阶段，这一观点被国内学者广泛采用，是国内文献引用频次最高的观点。最早定义的创新价值链指从研发到生产、销售，直至提供服务的整个过程（Khunkitti H. E. S.，2003），即将知识转化为产品并商品化实现过程（洪银兴，2017），分为探索（Exploration）、审查（Examination）、开发（Exploitation）三个主要阶段（Ganotakis P. and，Love J. H.，2012）。对企业创新机制研究后（孙海玲，2007），将创新过程分为技术成果生成和技术成果转化阶段（庞瑞芝等，2009；郑坚、丁云龙，2007），并将创意从产生到实现过程分解为三个部分，即获取新创意、创意选择与开发、创意实现（崔静静、程郁，2015）。创意产生阶段是企业部门内部、外部以及跨部门间萌发新想法、新创意；创意转化阶段是经过技术可行性分析后筛选新创意、研发新产品阶段；创意实现阶段是将创新产品推向市场的过程。纵向视角下形成以企业为主体从创意到商品的链状创新价值增值过程（见图1-2）。进一步研究发现，价值增值随着知识水平差异而不同。基于创新价值链的创新投入、创新知识凝结、创新成果实现三个环节构建创新效率（江可申、邹卉，2015）测度理论模型，发现三个环节创新效率（康淑娟，2017）、创新类型（余珮、程阳，2016）、创新来源、区域水平、演变特征（张虎、周迪，2016）等方面均存在差距，且在全球知识网络影响下创新价值链动态升级过程也不尽相同（张晓林、吴育华，2005）。创新多方面差异性与知识流动相关联，这为价值实现视角和知识扩散视角下创新价值链研究融合搭建了桥梁。

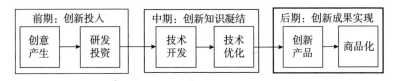

图1-2　价值视角下创新价值链结构

　　创新价值链前期研究多从知识扩散或价值实现中某一角度进行应用研究。创新价值链的可拆分性、知识创新的外部性和信息的不对称性，使创新过程可以集中在企业内部，也可以分离在企业外部（张晓林、吴育华，2005），这意味着创新价值链的各个组成部分具有水平组织结构；创新最终凝结在商品中形成知识价值，创新价值链是企业主导的由知识创新、科研创新、产品转化创新三阶段组成（余泳泽，2009）的垂直动态发展过程。学者在对比中国与美国、德国制造业发展以及分析国家科技成果转化政策（马江娜等，2017）时发现，不同知识水平的创新难度不同，最新研究提出创新价值链的三阶段为基础研究、应用研究和试验发展，并将基础研究与创新的产生和知识创新相对应，应用研究与创新的转化和科研创新相对应，试验发展与知识的传播和产品创新相对应（余泳泽等，2017），这为创新价值链结构拓展提供了一个新思路。但无论是前期研究还是最新创新价值链定义都不能解释企业创新难度和效率差距问题。同样是通过加大科技投入进行创新发展，有的企业可以迅速实现技术到产品的转化，有的企业却要艰难攻关，有的企业持续研发多年仍只能处于跟随地位，有的只需要短短一段时间便可以迅速实现超越。

（二）创新价值链的主要结构

本书根据 Morten 等的知识观点定义并参考余泳泽对研发阶段划分的观点，定义完整的创新价值链包括三个模块、九个环节。每个模块按纵向创新活动的前期（创新投入）—中期（创新凝结）—后期（创新成果实现）分为三个环节，三个模块按企业嵌入价值链不同阶段的创新难度级别（低端、中端、高端）进行划分，定义创新价值链短链、中链、长链结构（见图 1-3）。根据创新难度级别递进性（Gereffi G.，1999），即产品创新、技术创新、原理创新，将创新活动命名为企业生产阶段、企业研发阶段和企业设计阶段。创新价值链在企业生产阶段包括商品设计改进、生产技术优化和商品化生产三个环节；在企业研发阶段包括技术设计、技术改进、技术实现三个环节；在企业设计阶段包括原理设计、原理具体开发和原理的可实现技术转化三个环节。每一个模块都具有设计—研发—生产的完整创新价值链结构，分别形成商品、技术、知识原理的完整价值链体系。

本书将企业创新生产阶段模块命名为创新价值链短链结构，将价值链中端技术创新开始到商品化占据中低端的企业研发和企业生产阶段模块命名为创新价值链中链结构，从企业设计阶段开始的创新价值链占据了价值链高端位置，整个创新价值链覆盖了"知识生产—知识应用—知识扩散"

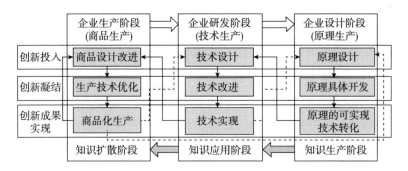

图1-3 创新价值链细分结构

三个模块，整体命名为创新价值链长链结构。在创新价值链细分结构中，每个模块具有相对独立的创新价值链纵向结构，同时模块间又不完全独立。设计灵感往往来源于消费者需求，这种来源于市场终端的反馈是产品设计的基本出发点，概念性产品需要开发生产实用性技术，相关技术开发为商品化服务，形成有竞争力的产品，并投放到市场中，最终收回前期投资，由此形成一个长链的闭环。消费者对产品功能的需求促进了企业改进产品功能，市场上的激烈竞争反向促进企业提升技术水平，技术改进结果带来商品性能改进以及生产技术优化，最终在商品化阶段企业收回投资，形成一个中链闭环。市场反馈加速了企业对商品的设计改进，不断推出同类产品，满足不同消费者偏好，形成一个短链闭环。

在创新价值链短链结构中，企业创新活动集聚在知识扩散的产品生产阶段。创新价值链包含了商品设计改进、生产技术优化、产品商业化三个环节。其创意的产生来源于生产过程中市场的直接反馈，主要表现为产品颜色、花纹、外形、结构等与产品外观性功能相关的创新，或者生产过程中对生产流程优化以及销售过程中营销手段的创新，一般不改变产品的材料、形状、功能等产品基本性质。企业进行短链结构创新时，具有投资少、周期短、见效快的优势，但由于技术水平低，产品附加值低，通常处于价值链低端位置。短链结构创新价值链虽然可拆分为三部分，但其结构简单，大多可以独立存在于一个企业中。企业技术基础往往来源于同行业其他核心企业，企业通过设备购置和人员引进获取上游技术。因此技术引进、技术吸收是企业主要技术能力增长来源，由于本身创新能力稍显薄弱，大多数该类型企业需要嵌入其他企业主导的组织网络中。

在创新价值链中链结构中，在产品创新的基础上增加了新产品实用性生产技术研发阶段的创新。企业中多由专职技术人员进行技术创新，创新多以产品性能提升、功能优化、设备升级等为直接目的，研发方向可能来源于产品生产阶段的市场反馈，也可能同时来源于上游知识研发部门的新知识溢出，研发效果是产品的质量提升、成本下降、产品代际更迭等。与短链结构相比，中链结构中的企业研发投资有较大提高，周期也相对更长，具有独立创新价值链的企业含有更多创新部门，企业规模也相应更大一些。因为技术创新水平较高，中链结构创新价值链中包含两个模块，产品附加值有较大提高。创新活动可能建立在两个部门、两家企业乃至多家企业之间，形成一个多部门合作的创新价值链。此时，往往形成由核心企业主导技术创新的局部核心企业控制型网络。

在创新价值链长链结构中，创新价值链具有知识生产、知识应用、知识扩散的一体化结构。企业或企业组织能够独立完成原理设计、技术研发、产品生产的全部创新活动，是一种新知识从创意产生到创意实现的完整创新价值链体系。长链结构创新价值链多存在于复杂产品生产中，价值链高端的部门具有较强控制力，能够引领产品设计创意、原理开发、原理可实现技术开发的原发性创新，主导技术原理设计、技术应用改进和实用性技术生产的技术创新，控制产品最终设计、生产、商品化过程。长链创新价值链结构复杂、环节众多、开发难度大，产品往往是极具创新性的专利型新产品，与以往产品的功能、材料、形状相比具有革命性改变。在长链结构创新价值链中，企业的研发人员层次高、技术难度大、资金投入巨大、实现周期长、产品研发风险高、产品价值潜力巨大，因此，具有该类型创新价值链的企业规模很大，是由具有一家或多家强控制力企业的网络集群组成。

企业创新难易程度与创新价值链长—中—短链结构相匹配。在整个创新价值链中，企业创新发展难度从短链结构向长链结构递进，知识创新带来的效益从长链结构向短链结构递减。显然，长期看长链结构创新收益最佳，但创新活动具有典型的高投入、高产出、高风险特征，使其创新难度也最大，创新价值链结构与企业发展需要适度匹配。因此企业进行创新时，即便大企业进行长链结构创新更有优势，企业也有可能放弃长链结构，而小企业也未必始终选择短链结构。企业对创新价值链结构的选择要符合企业发展预期，除创新难度外，创新效率是另一个重要因素。在内外因素的影响下，企业需要选择合适的价值链结构及嵌入位置。

（三）创新价值链结构与创新效率

企业控制长链结构难度较大，但有利于构建技术壁垒保持核心竞争力，而创新效率高的企业在创新周期方面存在优势，更容易选择较长结构的创新价值链。企业创新价值链体现了企业将知识转化为价值的过程，企业知识的内部积累和外部获取是延长创新价值链的必要基础。随着创新价值链结构加长，知识池的拓展为企业逐步向价值链高端发展提供了支撑。形成高端知识优势需要加大技术投资，而技术投资的增加会对生产投资形成挤出效应。技术投资会导致企业直接效益波动，因此技术投资行为与创新价值链结构间具有紧密联系。较长的创新价值链结构中组织关系更加复杂，组织紧密度有所下降（葛宝山、崔月慧，2018），这对知识应用以及知识转移效率存在影响。由此本书讨论创新价值链结构与创新效率之间的关系，将其他变量简化，着重分析技术投资、知识产出和知识转移变量，为企业创新行为选择提供理论依据。

本书基础函数选取罗默知识增长函数，使用 C-D 函数作为基本生产函数。采用简化的知识增长模型，将投资分为生产投资和技术投资（P. Romer，1991），其中技术投资可以带来知识增长。生产函数选择保罗·罗默（P. Romer）、格罗斯曼和赫尔普曼（Grossman G. M. and Helpman E.，1993）等构建的研究与开发增长模型简化形式。

$$\dot{A} = BK_{RD}^{\beta}(t)L_{RD}^{\gamma}(t)A^{\theta}(t) \tag{1-1}$$

$$Y(t) = \left[K_T(t) \right]^{\alpha} \left[A(t)L_T(t) \right]^{1-\alpha} \tag{1-2}$$

其中，$A(t)$ 为现有知识存量，$K_{RD}(t)$ 为技术生产投资，$L_{RD}(t)$ 为即时人力投资，$Y(t)$ 为总收入，$K_T(t)$ 为生产总投资，$L_T(t)$ 为总生产人力投入，B 为知识转移系数，且 $B > 0$，α、β、γ、θ 为正指数。技术人员个体差异性大，流动原因较为复杂，难以定量分析，参数 α、θ 是由企业所处行业的技术属性确定的常数，因此以上变量均不在本书中讨论。

1. 技术投资分析

实际上，核心技术的开发难度远大于产品商品化设计（刘建国，2016），所以假设创新价值链每提升一级其创新难度提高 m 倍，即以线性假设作一阶逼近进行分析。首先仅对投资进行推导，并以技术生产投资额度作为 1，即 $K_{RD} = 1$，生产投资为技术投资的 K 倍，即 $K_T = K$，当技术投资提高到 m 时，考虑一个单位知识变化率的增量带来的不同结构的差距。因此将式

（1-1）、式（1-2）简化，再经过代换计算，均选取 t 时刻，其公式为：

$$Y = K^{\alpha}L^{1-\alpha}B^{-\frac{1}{\theta}}1^{-\frac{\beta}{\theta}}L_{RD}^{-\frac{\gamma}{\theta}} \qquad (1-3)$$

令长一级创新价值链产出为 Y_1，此时技术投资提高到 m，假设其他变量不变，计算得：

$$\frac{Y_1}{Y} = \frac{m^{-\frac{1-\alpha}{\theta}\beta}(K-m)^{\alpha}}{K^{\alpha}} = \frac{\left(1-\dfrac{m}{K}\right)^{\alpha}}{m^{\frac{1-\alpha}{\theta}\beta}} \qquad (1-4)$$

显然，式（1-4）小于1，并且具有非线性递减性。这意味着增加技术投资会影响企业收入水平，创新价值链长链结构比短链结构创新实现难度大，随着知识生产难度提升呈现指数化递增。当企业试图延长创新价值链时，即便假设其难度仅为线性递增，但企业产出受知识增长函数和技术投资限制的综合影响，仍会呈现非线性特征。

因此，仅从投资角度分析，创新价值链结构越短，企业的创新越容易实现。创新价值链短链结构中，企业创新集中在产品阶段，市场反馈快、产品改动小、创新成功率相对较高。无论是对产品优化，还是对生产技术流程优化，短期内便可反映在产品上，将前期投资成本回收。但对于复杂技术产品，产品创新集中在知识扩散阶段，企业不具备足够的知识生产能力，知识获取依靠技术引进和技术购买，产品属性受上级价值链企业影响。当产品出现更新换代或替代产品时，这种创新价值链结构下的企业将处于不利地位。

2. 知识增长效率分析

在技术投资分析的基础上，进一步对知识增长效果进行分析。技术投资带动企业研发能力增强，提高企业知识储备能力，所以假设提高技术投资到 m 后，企业知识增长率提高 $n(n > 1)$ 倍，令长一级创新价值链产出为 Y_2，经计算后得：

$$\frac{Y_2}{Y} = \frac{(n\dot{A})^{\frac{1-\alpha}{\theta}}m^{-\frac{1-\alpha}{\theta}\beta}(K-m)^{\alpha}}{(\dot{A})^{\frac{1-\alpha}{\theta}}K^{\alpha}} = \left(\frac{n}{m^{\beta}}\right)^{\frac{1-\alpha}{\theta}}\left(1-\frac{m}{K}\right)^{\alpha} \qquad (1-5)$$

当企业产出不变时，可得平衡点为 $n = m^{\beta}\left(1-\dfrac{m}{K}\right)^{-\frac{\alpha\theta}{1-\alpha}}$，记作 n_0。由式（1-5）可以看出，由于创新价值链长链结构具有更多的知识产出，当技术效率达到指定阈值，即 $n > n_0$ 时，长链结构企业产出高于短链结构企业产出。

从知识角度分析，$n > n_0$ 时创新价值链长链结构更有利于企业发展。在创新价值链长链结构下，创新覆盖着知识创新、知识扩散、知识商品化实现全部环节，满足知识发展三螺旋理论全部要素，其知识发展具有连续性、内生增长性、可持续性，知识体系呈自循环螺旋上升发展。企业对产品更新换代具有主动权，可以对市场差异化信息进行产品开发匹配，具有较强的应对市场变化、技术变化、环境变化的能力。因此，创新价值链长链结构对企业长期发展而言是最有效的。然而，长链结构资金投入最大、技术人才等要素要求高，涉及部门众多，组织复杂，这对知识转移有一定影响。

3. 组织效率分析

在技术投资分析和知识增长分析的基础上，进一步添加组织复杂度影响因素。在知识转移效率上，短结构紧密关联的组织间信息交流更为顺畅，企业内部一般不存在知识壁垒，因此企业内部知识共享程度高于企业之间。假设价值链延长一级，企业组织间知识转移效率降低 $l(l > 1)$ 倍，令长一级创新价值链产出为 Y_3，经计算后可得：

$$\frac{Y_3}{Y} = \frac{(n\dot{A})^{\frac{1-\alpha}{\theta}} \left(\frac{1}{l}G\right)^{-\frac{1-\alpha}{\theta}\beta} m^{-\frac{1-\alpha}{\theta}\beta} (K-m)^{\alpha}}{(\dot{A})^{\frac{1-\alpha}{\theta}} (G)^{\frac{1-\alpha}{\theta}} K^{\alpha}} = \left(\frac{n}{lm^{\beta}}\right)^{\frac{1-\alpha}{\theta}} \left(1 - \frac{m}{K}\right)^{\alpha} \quad (1-6)$$

显然，此时企业产出 $Y_3 < Y_2$，式（1-6）显示创新价值链延长后组织结构复杂化降低了知识增长效果。存在于企业内部的创新价值链更利于企业创新发展，复杂的企业间创新组织对知识生产不利。企业在创新价值链中链结构下，通过占据价值链中高端，在企业内部实现产品创新和技术创新，在产品代际更迭和新产品开发上保持一定优势。在规模、资金、人才等创新条件不足时，企业可以依托生产优势与高校等科研院所合作创新，建立外部长链结构，弥补企业知识生产能力的不足。在新经济时代，随着通信技术发展，知识流动速度更快，组织间合作更便捷，在一定程度上可以提高知识转移效率，有助于企业开展长链结构创新活动。

因此，企业选择创新价值链长—中—短链结构由企业创新效率决定。企业创新效率取决于多重因素共同影响，$\frac{n}{lm^{\beta}}$ 中变量之间的关系决定了延长创新价值链后企业的创新效率。当创新效率高于技术投资导致的产出损耗时，企业应选取高水平的创新价值链进行创新活动，反之应选择低水平的创新价值链。通过理论模型分析发现，不同创新价值链结构均具有其自身优势和劣势。创新价值链结构越短，企业投资越少，组织结构越简单，创新成功率越高，企业短期内实用新型专利、新产品收益等迅速提高，但知识生产能力低，创新可持续性较差。创新价值链结构越长，企业的市场控制力越强、创新的知识价值越大，企业在行业内可长期保持优势，但资金投入多、组织结构复杂，使其创新风险大、创新周期长。创新效率高的企业更容易延长创新价值链，实现长链结构进行创新，并处于价值链高端位置，引领产业发展或打破其他企业垄断。而创新效率低的企业只能维持低端发展，始终处于低端锁定位置。

由此，本书从创新价值链视角解释了为什么有些企业成长快衰落也快，昙花一现，而有的企业厚积薄发，始终在市场上有所收获。正是因为在创新行为中企业选择的价值链起点不同，控制的创新价值链长度不同，企业创新效率和创新难度间匹配存在差异性，最终导致其发展路线也相应有所不同。虽然企业长期发展目标应是控制长链结构创新价值链，但企业的创新资源未必支撑企业预期，企业家如何适时地选择企业可行性发展路径，长链结构中的知识优势、短链结构中的投资优势为企业的创新发展提供了不同的方向。

（四）创新价值链下的企业创新行为选择

1. 创新价值链结构与企业创新行为

创新价值链具有典型三段式结构，但企业创新行为选择不同。企业通过打造完整创新价值链开发适应市场的产品、降低企业生产成本，以提高企业综合竞争力。受企业所属行业以及产品复杂程度的影响，一项新产品的诞生离不开创意设计、资金投入、产品概念模型开发、技术开发、小批量原始设计校对、商品化生产等一系列环节。以价值实现为视角的创新价值链定义，很好地解释了从研发到商品化过程中的企业创新行为问题。不管组织结构复杂程度如何，企业通过"创新投入—创新知识凝结—创新成果实现"完成从创意产生到产品投放市场的创新过程，获取创新价值。然而，自 Morten 对创新价值链的定义确定伊始，便偏向于从知识视角分析创新行为，定义"知识生产—知识应用—知识扩散"是创新部门间知识溢出从高到低的扩散过程，由此伴随着知识扩散的创新行为是从基础知识原理到可行性技术开发，最终完成商品化"自上而下"的全过程，大企业的重大项目研发到生产与此过程基本一致。实际上，多数制造业企业尤其是小企业，其创新并未从基础理论研究开始，实用性技术改进与产品设计往往是小企业选择的创新模式，体现了"自下而上"的逆向式创新行为特点（王伟光、侯军利，2016）。现有创新价值链定义难以对企业间创新行为的选择差异做出合理解释。

创新价值链结构的复杂程度不同，嵌入价值链不同位置的创新行为具有差异性。创新价值链理论通过分解创新过程拓展了企业创新空间，部门间、企业间的创新主体通过其特有的关联要素相连接，形成一个创新价值链体系，产品技术差异性导致该体系结构的复杂程度具有多样性，其既可存在于某个企业，亦可存在于多企业多部门组成的创新网络中。创新网络既是一个知识网络也是一个组织网络，然而知识流动与企业发展是两个相对独立的系统，即便商品为媒介将两个系统关联在一起，企业本身技术发展与知识流动水平也经常不匹配。影响企业创新行为的因素众多，企业组织结构、企业家决策影响企业主动创新行为，外部行业基础、中介机构、政府政策、市场环境（黄钢等，2006）等也制约着企业创新行为选择。已有定义反映了创新基本结构和知识扩散方向，但对于创新难度差异性解释仍稍显不足。根据价值链相关理论，位于价值链低端的企业从事劳动密集型生产，位于价值链中端的企业从事资本密集型生产，位于价值链高端的企业从事技术密集型生产（刁玉柱，2014），随着创新技术水平递增，企业嵌入价值链高端的创新难度要远高于嵌入价值链低端的创新难度。技术水平差异化与相对应的知识网络级差性和组织网络复杂度相关（Guan J. and Liu N.，2016），并导致进行产品创新、技术创新和理论创新的创新价值链结构不同，企业需要根据内部和外部双重约束，选择恰当的价值链水平完善自身创新价值链结构进行创新（见图1-4）。因此，本书引入技术差异化水平区分创新复杂性，定义新的创新价值链长—中—短链结构。

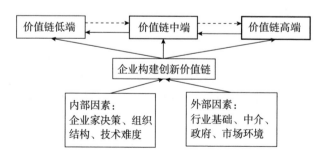

图1-4 企业嵌入价值链路径

2. 创新价值链结构视角下创新行为模式选择

企业打造创新价值链长链结构的创新行为可分为"自上而下"和"自下而上"两类。纵观制造业企业的发展历程，一般地，企业规模从小到大，企业地位从非核心到核心，研发活动从无到有，创新投资由少到多，形成从低到高的创新价值链发展趋势。短链价值链对资金要求最低，小企业从最低级的知识扩散阶段进行创新，投资需求少、技术门槛低，更容易"自下而上"进行创新价值链延伸。随着企业规模扩大，沿着创新价值链的低端——创意扩散，从模仿创新开始，根据自身资源禀赋特点逐渐向价值链高端攀升，并逐步提升研发能力——创意转化，最终掌握从原理到产品的整个设计生产能力。大企业由于资金、技术基础、行业控制力等自身优势，保持企业领先的知识获取更为重要，采用"自上而下"创新行为。从创新价值链的高处——创意产生阶段开始进行创新，运用自主创新方式获取核心技术和知识产权，伴随着创新活动的"高风险，高收益"，其创新行为包含了创新价值链上游——知识创新环节、创新价值链中游——新知识转化为新技术、创新价值链下游——新技术应用形成新商品（任志成，2013）的全过程。然而，企业规模并不是影响企业创新路径的唯一判定因素，实际上，小企业专业从事技术创新，大企业只能进行规模化生产的例子比比皆是，企业获取资源进行创新是一种多元的综合能力。

企业延伸创新价值链中形成的对创新要素的控制和对外部资源的获取能力称为企业体系化能力。高体系化能力意味着企业具有强的知识生产转化能力，能高效地集中资金用于技术投资，创新的资金、技术基础可能来源于企业内部，也可能来源于企业外部。体系化能力低的企业只能选择价值链低端的产品创新，体系化能力较强的企业可以选择价值链中端或者高端进行技术创新（胡大立，2016），体系化能力强的企业可以按企业家决策任意选择适合企业发展的价值链位置，最终形成企业相应的创新发展路径。企业创新行为选择是企业体系化能力制约下的企业家决策。对创新价值链结构细化和模型推导后发现，越是短链的结构，实现环节越少，企业创新的投资更少、实现更容易；而创新价值链越长，其结构越复杂，创新实现越困难，但产品价值增值也越高。一方面企业为了争取更高利润，需要占据更长创新价值链的控制权；另一方面企业受自身的体系化能力（Corradini C. and de Propris L.，2017）限制，又需要在创新投资上做出取舍，做出适合企业的选择。此时企业创新行为既有差别、又呈现出一定规律性。

　　将企业体系化能力分为高、中、低，并与创新价值链长、中、短结构相匹配形成二元结构（见图1-5）。当企业体系化能力恰好与其控制价值链水平相一致时，企业有能力进行创新，又无多余的能力跨级整合，形成循序渐进逐步上升的创新发展路径。当企业发展到体系化能力高于其控制的创新价值链水平时，企业可以选择突破式创新模式跨级整合创新价值链，也可以选择原级发展保持控制力优势。企业的创新路径自主选择性很大，此时不同的企业家精神往往给企业发展带来不同机遇，创新型企业家更容易采用具有冒险性的路径（邢源源等，2017），进行跨级整合。当企业处于企业体系化能力低于其拟控制的创新价值链水平时，企业处于一种心有余而力不足的阶段，企业除生存之外并不具备太多能力提升控制力，处于跟随或者锁定地位。在企业体系化能力逐步提升时，通过主动或被动地与创新价值链匹配，形成了企业创新选择行为差距，同时受企业家精神（中国企业家调查系统等，2016）等其他外部技术因素影响，最终导致了企业极具个性的创新路径。因此，企业体系化能力和创新价值链的匹配程度是企业创新发展路径的重要影响因素，最终影响了企业创新行为发展模式，并形成了现实中企业差异化的发展路径。

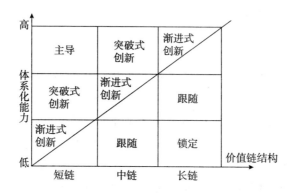

图1-5　创新价值链与体系化能力作用下企业创新行为

　　通过定义创新价值链结构并进行相应理论分析后发现，在制造业升级的过程中，企业创新发展不能简单追求长链结构创新价值链，虽然原理创新具有众多优势并已被多位学者证明，但预期收益与其风险性相匹配，一旦创新失败，将对企业造成沉重打击。在创新价值链体系中，产品创新、技术创新、原理创新都是重要组成部分，不同结构的创新价值链均具有相应的优势和劣势。因此，企业家应对企业体系化能力进行准确评估，根据本行业技术特征选择恰当的技术投资比例，积极提高创新效率，适时地选择与自身体系化能力匹配的创新模式，进行"自下而上"或者"自上而下"的创新活动。

本书将创新价值链理论用于分析企业创新发展行为，定义创新价值链的产品创新、技术创新、原理创新三个模块，提出创新价值链短链、中链、长链结构，并将其与技术创新难度低、中、高相匹配。研究表明，短链结构具有投资优势，长链结构具有知识优势，紧密组织具有技术转移优势。企业选择短链创新时创新成功率高、风险性低、持久性不足；选择长链创新时高风险、高回报、长效性更好；中链创新介于两者之间。企业选择创新发展路径受到企业体系化能力约束和企业家决策影响，形成具有共性的企业创新模式和企业独有的创新成长路径。创新价值链长—中—短链结构可以有效区分企业创新难度差异性，为评价企业创新发展效果、分析创新发展路径、研究创新体系演化提供了新的研究视角和思路。

企业通过创新提升自身在行业中的位置时，选择恰当的创新价值链结构至关重要。在行业资源限制下，企业选择不同结构创新价值链会产生截然不同的结果，如长期发展或是短期辉煌。那些选择短链结构创新的企业短时间内新产品便会面世，而选择长链结构创新的企业需要进行长期原发性创新。在全球价值链背景下，企业家在选择企业创新行为时，需要根据企业自身体系化能力水平选择相匹配的创新价值链结构。建议对于体系化能力较低的小企业，要评估创新基础资源获取能力及创新产出效率，将创新投资大部分投向短链创新，适当进行自下而上的创新价值链升级投资。而对于规模较大或者体系化能力较高的企业，因为可以获取足够的投资金额，进行自上而下的长链创新更为便利。但延长创新价值链时，应关注创新投资水平和组织紧密度，提升创新知识产出效率。企业家在技术投资、资源获取、市场利基捕获等方面发挥了重要作用，加强创新型企业家培养力度，将有利于企业积极进行创新活动。

本书是对主流创新价值链定义的进一步细化，试图以结构细化为切入点，将知识扩散和价值实现视角的两种定义融合进行的一种探索性研究，然而对创新价值链结构完整性和创新流程的概括性定义仍需要长期考证其合理性。本书虽然从创新价值链视角对企业创新难度差异性进行了解释，但对不同条件下企业创新路径和企业创新模式的适用性并未进行深入探讨，还需要进一步研究，这也是未来创新价值链研究延伸的方向。

三、开放式创新

开放式创新的概念源于切萨布鲁夫的专著《开放式创新》，该书首次阐述了开放式创新的概念："为了促进组织内部的创新，有意图且积极地活用内部和外部的技术及创意等资源的流动，其结果是增加将组织内创新扩展至组织外的市场机会。"国内外高新技术企业在实践中不断拓展开放式创新理论，如 Intel Corporation 的外部资源应用模式、Tesla Inc. 的开源式企业创新联盟、海尔集团的物联网生态平台等。中国政府也认识到通过宏观政策实现全球创新资源和市场整合在经济全球化背景下的重要性，习近平总书记在题为《共建创新包容的开放型世界经济》的报告中一再强调"开放、创新和包容"对"一带一路"倡议的重要作用。不论是国家层面、区域层面还是产业层面的开放式创新，归根结底要落到企业这个微观经济群组上。在知识经济时代，企业间在创新活动中互惠互利的关键在于对知识转移、扩散和溢出能力的强化，因此，从开放式创新视角研究创新生态系统中创新主体间的知识溢出机理，对明晰创新开放程度与知识溢出效应之间影响关系以及布局中国未来产业尤为关键。

在核心企业与非核心企业协同共生的创新生态系统中，关于两者之间的知识溢出研究一直处于中心地位。这些文献的重点是核心企业控制力以及资源优势对网络、系统整体创新绩效影响的研究，而非核心企业设定为被核心企业引领和带动的角色。近十年来，笔者所在研究团队共完成全国范围内 126 家企业的调研走访，通过整理资料发现 65%以上的非核心企业和准核心企业正在不断强化对核心企业的反向知识溢出行为。这些企业往往在由知识溢出的接收方转变为输出方的过程中完成了网络位置或生态位的跃迁，即非核心企业逐渐成为核心企业不可替代的合作对象或彻底取代原有核心企业成为创新生态系统的新核心。

随着开放式创新范式不断深入社会经济生活，核心企业与非核心企业之间不再是简单的"领导—协作""控制—跟随"关系，非核心企业在创新生态系统的知识生产环节发挥着越来越重要的作用。本书基于开放式创新视域研究非核心企业反向知识溢出，不仅有助于弥补现有知识溢出相关研究的理论缺口，而且有助于通过适当的政策设计引导和激励非核心企业强化反向知识溢出，对提高创新生态系统整体创新绩效和培育有活力、有竞争力的微观经济单元群组有一定的现实意义。

自熊彼特首次提出创新理论以来，企业内部的独立创新带来的技术保密和技术独享保证了企业的核心竞争优势。经济全球化背景下，技术模块化程度提升、产品生命周期缩短（陈朝月、许治，2018）以及信息技术带来的知识爆炸式扩散（倪嘉成等，2018）加速了开放式创新范式取代封闭式创新范式的进程。技术的快速迭代、环境的高不确定性，使单独创新变得越来越困难，即便是核心企业仅依靠内部创新资源也难以满足自身创新发展要求。全球卓越创新型企业，如三星、宝洁、3M 和英特尔的成功，无一不是坚持了开放、合作、共享的开放式创新战略，用事实证实了开放式创新对提高创新效率的重要作用。

开放式创新理论的出现是后发优势理论以及组织边界渗透理论的延续与融合：一个相对落后的企业如果能够有效利用来自领先企业的创新资源，那么在合作过程中能够较好地适应技术变革，甚至获得比创新者更高的收益（陶丹，2018）；与以往独立、封闭的创新模式相比，组织边界不再限制创新思想和市场途径是来自组织内部还是组织外部，不同渠道的互补性资源对技术创新发挥着重要作用（Teece，1986）。正是因为开放式创新将外部互补性资源提升到与内部优势资源同样重要的位置（Chesbrough，2003），使企业通过替代性学习节约创新成本并提高创新效率，实现了后发企业"弯道超车"的可能。

第二章

非核心企业的界定

一、核心企业与非核心企业

（一）创新网络视角下的核心企业与非核心企业

在以往相关研究中，核心企业创新行为和能力一直处于中心地位，而非核心企业创新的相关研究比较少。部分相关研究比较关心非核心企业如何利用所在网络形成创新能力。Bougrain 和 Haudeville（2002）认为，协同创新网络作为资源集聚、信息共享的一种制度安排，能够为资源相对匮乏和企业规模相对较小的非核心企业提供更多的技术机会。Tomlinson 和 Fai（2013）认为非核心企业的技术创新能力在良好的、紧密的、多元化协同创新网络中能够得到有效增强。Voudouris 等（2012）认为非核心企业内部技术能力是技术投资效果的重要决定因素。Haeussler 等（2012）认为协同创新网络上、下游水平以及开发联盟对产品开发的影响，取决于非核心企业技术创新能力的专业化程度。当然，也有学者持相反的意见，Sawers 等（2008）认为，在大企业和小企业之间的技术合作中，尽管这种合作关系通常能够使大、小企业都获得好处，但非对称性的合作关系有时也会损害中小企业的利益；这种情况主要是由中小企业向大企业无意识的动态战略知识和能力流动造成的。

国内关于非核心企业创新行为的相关研究甚少，多数研究是从企业规模角度，即中小企业视角来展开的。李贞、杨洪涛（2012）认为非核心企业与协同创新网络中上、下游企业间的外部关系学习能力以及内部知识整合能力越强，越能够将外溢知识内化为自身的技术创新能力。付敬等

（2012）认为非核心企业创新模式与创新能力之间具有显著的螺旋式交互影响，而企业学习则在这一过程中起到了重要作用。上述研究从不同角度说明，在创新网络中虽然核心企业的重要性不言而喻，但是如果没有非核心企业对核心企业的支撑与配合，核心企业将难以顺利发展。因此，非核心企业技术创新能力是整合外部协同创新资源、确保创新网络成功的关键。目前学术界普遍认为创新网络中的中小型企业受控于大型企业，即大型企业被视为核心企业，中小型企业被视为非核心企业，但是企业规模不是界定核心与非核心企业的唯一标准，现有文献缺乏对非核心企业的界定与特征分析。关于非核心企业技术创新能力的研究也大多从企业规模的角度进行分析，没有形成系统的研究体系，这些研究成果给本书的最大启发就是，企业规模、知识吸收、研发模式，以及在创新网络中的位置等影响着非核心企业技术创新能力的提升。在这个意义上，非核心企业是指那些在协同创新网络中企业规模相对较小、组织架构单一、创新能力弱，在创新网络中处于下游位置，为核心企业提供代工、配套产品，受控于核心企业的企业（见表2-1）。

表 2-1　创新网络中核心企业与非核心企业的区别

特征	核心企业	非核心企业
企业网络控制力	强	弱
市场份额	占据极大市场份额	占据较少或较大市场份额
企业数量	少	多
技术创新能力	引领行业技术发展方向	跟随行业技术发展方向

资料来源：笔者整理。

（二）创新价值链视角下的核心企业与非核心企业

核心企业是创新生态系统中无可取代的角色，是系统内知识创新、扩散和应用的主要参与方，可通过网络权力影响创新合作成员的选择、任务分配以及认知。核心企业通过对中小型企业进行知识选择性披露，在聚集了大量系统成员的同时，使这些成员形成基于平台性知识的路径依赖。这种路径依赖的实质是核心企业对创新生态系统的控制力。拥有控制力意味着核心企业拥有了对创新生态系统中成员进行选择、任务分配以及利益分配等方面的主导权，不仅塑造了系统内创新主体间的创新分工协作体系，而且影响着创新生态系统创新发展的方向与速度。

非核心企业是相对于核心企业的一个镜像概念。非核心企业是指那些在创新网络中控制力弱、市场份额小、企业数量众多、跟随行业技术发展方向的单元群，通常作为创新生态系统中核心企业的附属角色，为其提供配套、组装以及代工生产。从以往研究和实践经验来看，非核心企业由于创新能力较弱、知识存量低，通常作为创新生态系统中知识溢出的接受者和传播者。作为资源集聚、信息共享的一种制度安排，创新生态系统为知识相对匮乏的非核心企业提供了更多创新发展机会，甚至出现知识溢出方向的"逆向化"，即非核心企业由知识溢出的接受者转向知识溢出的发送者。

本书基于创新价值链的最新定义及分类方法界定核心企业与非核心企业，即将创新价值链分为长链（某企业同时控制知识创新、技术创新和产品创新三个环节）、中链（某企业同时控制技术创新、产品创新两个环节）和短链（某企业仅控制产品创新环节）三种类型。在创新生态系统情境下，将控制创新价值链长链的企业定义为核心企业，控制创新价值链中链的定义为准核心企业，控制创新价值链短链的则定义为非核心企业，如图2-1所示。

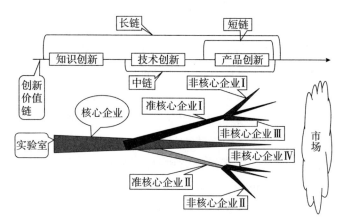

图2-1 基于创新价值链视角的非核心企业

（三）社会网络视角下的核心企业与非核心企业

社会网络由社会活动主体以及主体间联系构成，是包括网络节点和节点间关系在内的集合。Emirbayer（1997）首先对网络节点间关系和行为进行分类，提出社会网络理论。社会网络内部结构中不仅嵌入实物主体，而且在网络边缘也有市场、层级制度等软环境，这种环境的演变达成了主体之间非贸易性依赖关系①。基于即成的社会网络，网络节点之间衍生出组织间信任、社会契约、合作愿景等关系，其强弱体现在网络权力上，进而决定了该网络节点获取社会资源的难易程度。网络权力的存在很难让社会网络实现社会资源的自由流动，即社会网络中各种契约、协议、条例表面上是为了实现整个社会网络资源配置效率最大化，实则体现了网络权力对资源配置的直接支配能力。经过 Burt（2004）和 Freeman（1977，2017）对社会网络理论的深入拓展，发现社会网络中不同网络位置的节点在组织外影响下所做出的决策行为是具有差异性的，在此基础上衍生出结构洞理论和度中心性理论。处在结构洞上的网络节点，是资源流动和命令执行的必经之路，因而能获得更多的信息、服务和回报。某节点直接连接其他节点的数量越多则意味着该节点的度中心性越大，在制定惯例的过程中话语权也越强。

网络节点、关系强度、结构洞、度中心性等网络权力和网络位置理论，均可应用于以企业为网络节点、以创新合作为网络关系的创新生态系统中。创新生态系统中包含少量核心企业和大量非核心企业，从社会网络理论视角区分两者的重点是企业所拥有的网络位置和网络权力方面的差异。其中，核心企业的网络节点占据较大结构洞且具备较高的中心度，可通过多种非冗余关系快速获取外部环境资源。而非核心企业群遍布系统的各个层级机构，其网络节点所占据的结构洞较小且中心度较低，一般不具备支配知识、信息等资源配置的权力，在系统运营中处于被核心企业网络权力所支配的位置。介于两者之间的企业，则统称为准核心企业。依据社会网络理论中网络权力和网络位置的二维变量分类定义如图2-2所示。

---

① Storper M. Innovation as collective action: Conventions, products and technologies [J]. Industrial and Corporate Change, 1996, 5 (3): 761-790.

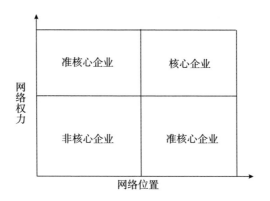

图 2-2　双维度视角下非核心企业界定

二、非核心企业的主要特点

（一）非核心企业的后发优势

伴随中国经济高质量发展要求，创新驱动呈现出由点到面的趋势，并由核心企业主导向全面创新推进，非核心企业的创新作用逐步凸显出来。传统制造业中，非核心企业以生产为主，创新活动受企业规模、信息资源、知识基础等条件限制，多为小规模的技术吸收改进，影响能力相对较小。信息时代，知识获取更加便捷，在降低创新成本、弱化核心企业优势的同时，产生更多的新机遇和新挑战，扩充了非核心企业创新空间。一方面，消费者需求呈现多元化趋势，非核心企业需要提供更为细致、多样的配套产品，用以优化整体产品功能，提高产品竞争力；另一方面，非核心企业通过资本引进、产学研合作等迅速获取创新资源，选择适合的创新价值链，组成亚微观层面创新组织，一跃成为新的创新主体，提供了经济发展新驱动力。企业管理研究者已经注意到小微创新组织的重要性，提出了"阿米巴经营""上上细胞管理""小微组织""铁三角"等应对信息时代新挑战。在开放式创新体系下，非核心企业获得了比过去更多的创新资源，通过建立创新组织整合周围创新资源，逐步实现独立创新，并依靠高效的组织效率和知识创新后发优势，形成对核心企业的跟随、并行乃至赶超。

（二）在组织结构中的独特定位

国内外关于组织结构对企业创新效应影响的研究还较少，已有研究普遍认为组织结构对知识生产具有重要影响，目前没有针对非核心企业的专门研究。一般认为，核心创新系统由核心企业和上游组件供应商、下游互补方和客户等共同组成①，系统分为骨干企业、旗舰企业和其他组织②。在信息时代，系统的核心并不是骨干企业，而是与其直接相关的一些旗舰企业，即非核心企业，它们具有动态演化资源的交互型组织③。在核心创新系统中，包含众多这种以非核心企业为中心具有独立组织结构的企业创新组织，它们作为一个子单元模块嵌入核心企业创新系统中，成为知识共享的重要通道，为知识转移提供了组织平台④，使组织内、外部离散的、独立的知识达到互补协调⑤，形成创新组织内共享的系统知识体系，加速知识流动、促进知识增长。这些企业间相互依赖的组织结构在影响企业创新发展⑥的同时，也在影响创新系统整体的创新活力和演化前景⑦，进而影响系统价值共同创造和共同进化⑧。组织内部的信任重要性甚至超过了正式合作流程，受组织成员间相对能力变化影响，不同企业组成的创新组织结构不尽相同，创新组织的中心企业对下级企业的控制力（冯荣凯，2015）差异导致组织稳定性差别较大，从而在知识共享过程中信任度不同，影响知识共

① Adner R，Kapoor R. Value creation in innovation ecosystems：How the structure of technological interdependence affects firm performance in new technology generations ［J］. Strategic Management Journal，2010，31（3）：306-333.

② Kim H，Lee J N，Han J. The role of IT in business ecosystems ［J］. Communications of the ACM，2010，53（5）：151-156.

③ Garnsey E，Leong Y Y. Combining resource-based and evolutionary theory to explain the genesis of bio-net-works ［J］. Industry and Innovation，2008，15（6）：669-689.

④ 张长征，蒋晓荣，徐海波. 组织设计对知识共享的影响研究 ［J］. 科技进步与对策，2013，30（3）：128-133.

⑤ 李湘桔，詹勇飞. 西方战略管理理论的发展历程：演进规律及未来趋势 ［J］. 外国经济与管理，2003（2）：7-12.

⑥ D J Teece. Explicating dynamic capabilities：The nature and microfoundations of（sustainable）enterprise performance ［J］. Strategic Management Journal，2007，28（13）：1319-1350.

⑦ M G Jacobides，S G Winter. The co-evolution of capability and transaction costs：Explaining the institutional structure of production ［J］. Strategic Management Journal，2005，26（5）：395-413.

⑧ M G Jacobides，S G Winter. Capabilities：Structure，agency and evolution ［J］. Organization Science，2012，23（5）：1365-1381.

享程度，产生不同的演化趋势①。

在已有的创新组织结构研究中，研究方法以模拟仿真为主。企业密度和周期性角度的仿真模拟已经证明，创新系统中独立组织结构的企业间组织系统对整体创新系统具有可演化影响。另一项系统仿真结果显示，创新组织结构影响企业知识增长效应具有动态化特征②。依靠组织内部信息的传递，使技术与资源得以充分利用③，形成知识优势为企业组织发展提供持续动力④，促进创新系统运行。创新组织结构和相互依赖的创新资源进行战略选择匹配⑤，伴随知识学习，企业内外部知识不断地互补协调⑥，形成不同的企业创新发展路径。由此，在核心创新系统内，存在大量具有独立结构的非核心企业组织作为子系统，它们为系统整体发展提供了创新驱动力，而这些子系统的内部组织结构稳定性差异产生不同的知识共享，最终影响了企业知识水平。

（三）与核心企业的临近性

"临近性"近年来受到了国内外学者的广泛关注，人们对临近性的关注最开始是从地理临近性开始的。地理临近性是多维临近性研究的起点，所以对地理临近性相关研究的深入与有效把握，是我们正确理解多维临近性的基础。随着研究的拓展和延伸，对临近性的研究逐渐从单独的一维角度上升到了多维的角度。20 世纪 90 年代，法国多维临近学派（French School of Proximity Dynamics）将临近性概念从地理临近性维度发展到更多维度的其他临近。这些学者们认为地理临近性只是多种临近性因素之一，临近性概念还包含了知识临近、制度临近、认知临近、关系临近、社会临近等多种

① Jianxi Luo. Architecture and evolvability of innovation ecosystems [J]. Technological Forecasting & Social Change, 2018, 136 (11): 132-144.

② Romano A, Passiante G, Del Vecchio P, et al. The innovation ecosystem as booster for the innovative entrepreneurship in the smart specialisation strategy [J]. International Journal of Knowledge-Based Development, 2014, 5 (3): 271-288.

③ 冉奥博，刘云. 创新生态系统结构、特征与模式研究 [J]. 科技管理研究，2014 (23): 53-58.

④ Nonoka I, Takeuchi H. The Knowledge-creating company [M]. New York: Oxford University Press, 1995.

⑤ 娄景辉，赵岑. 基于资源基础观的中国企业建构技术创新战略与组织结构选择 [J]. 生产力研究，2010 (3): 212-214.

⑥ 方刚，顾莉莉. 基于 SECI 拓展模型的产学研协同创新知识转化行为研究 [J]. 软科学，2019, 33 (6): 24-29+36.

维度。后来有学者指出，临近性可分为知识临近、组织临近、社会临近、技术临近和地理临近五种形式，并认为地理临近性的作用不能单独地罗列出来进行单一考察，而是应该把其他形式的临近列入考察范围。本书在借鉴国内外研究的基础上，选取了地理临近性、知识临近性、社会临近性三个临近维度来进行研究。

1. 地理临近性

地理临近性，指两个组织之间的空间地理距离。对于地理临近在网络组织交流与合作中的作用，学者大体上达成了共识，一般认为较大的地理临近性，也就是组织距离越接近，越有利于面对面地交流和互动，促进知识尤其是隐性知识的转移，进而促进创新绩效的提升。之后有学者开始尝试应用路径重叠这一临近性衡量方法，来探究组织之间的实际物理空间距离在对科研合作形成上发挥的作用，研究表明，当组织之间的路径重叠性较高时，合作的倾向性也相对较高。韩宝龙、李琳（2010）分析了地理临近性对部分地区创新能力和表现的影响，发现地理临近对高新区创新能力和表现有正向影响，并且这种正影响呈现出边际报酬递减特征。李福刚、王学军（2007）以知识转移视角为出发点进行探讨，认为地理临近应该适宜，过多或过少的地理临近都不利于企业学习和创新。

在20世纪80年代信息通信技术迅猛发展的背景下，以前基于地理空间距离的企业间合作的主要问题被破解，这就构成了虚拟世界的临近。鉴于此，学者提出了通过电子通信交流或者技术人员短期和中期的访问为依托的临时地理临近的概念。李琳、梁瑞（2011）谈论了信息通信技术下临时地理临近效应的时间、场所和实现机制。李琳、熊雪梅（2012）探讨了临时地理临近和永久地理临近在一个网络内不同周期和时段的不同影响，并得出结论：永久地理临近主要在网络内企业合作的初中期起到影响作用，而临时地理临近则主要在网络内企业合作的中后期起到影响作用。

2. 知识临近性

知识临近是指两个组织之间的知识基础的差异性程度。知识临近性可以理解为两个组织之间的知识距离，是指知识发送方与接受者所掌握的知识的差异性水平。企业间的知识临近促进经验与技术的分享，进而促进成员间的相互交流和学习。知识临近可以影响知识转移，企业双方建立协作关系的一个很重要的原因是双方的知识储备不尽相同，而获得自身不具备的知识就是企业间进行知识转移的动力。可见，知识差异有时成为企业间进行知识转移的动力，但是如果知识基础差异过大，反而会对知识转移带来不利影响。研究发现，组织间进行沟通和学习的前提条件是能够理解彼此传送来的知识，如果双方的知识差异过大，组织间就会无法理解和吸收转移知识。刘凤朝等（2015）认为，临近性在促进企业创新产出上具有调节作用，其中，知识临近负向调节专利技术许可与企业创新产出的关系。邬滋（2017）将知识临近性纳入到知识生产函数模型中，分析了邻域地区研发投入对高技术产业创新产出的影响，结果发现，知识临近对企业的创新具有重要影响。

3. 社会临近性

认为社会临近性是指在微观层面上组织间的社会嵌入关系，如果组织间能够共同合作，创建良好关系，并建立信任，那么就可以称组织间具有社会临近性（有时也称关系临近性）。社会嵌入性关系能正向促进组织间的知识转移，并认为对于嵌入性社会结构中的组织和个人来说，自身利益并非是进行所有决策的出发点。Ajay Agrawal（2008）研究了合作者之间的地理临近性和社会临近性对知识获取的影响，研究指出，地理距离和社会距离都能够减缓行为主体间的知识转移和流动。刘凤朝等（2014）研究了临近性对不同地区进行跨区域 R&D 合作时的影响，并得出结论，社会临近对跨区域 R&D 合作方式的影响大多数为正向的，并且这种正向影响更多作用于跨区域的企业以及跨区域的研发机构间的合作中。

三、非核心企业的技术创新能力

（一）创新网络中企业技术创新能力分类

技术创新能力的高低是企业技术创新能否取得成功的关键。尽管经济学家熊彼特早在《经济发展理论》（1912）一书中首次提出"创新"，并认为创新包括开发新产品、引进新方法、开辟新市场、寻找新原料以及寻求新模式五个方面，但是当前对于技术创新能力内涵的界定，国内外学者并未达成一致。国内外学者试图从不同的视角来界定技术创新能力，有的直接给出相关定义，有的从其包含的要素方面进行界定。通过整理相关文献资料可以发现，不管学者们从哪个视角去界定技术创新能力，均认为技术创新能力是由各种要素组成的综合性能力，而非单一的某种能力代表。几种有代表性的观点如下：Bargelman 和 A. Maidigue（1988）从企业创新战略的视角，指出技术创新能力是为了保证和支持企业技术创新顺利开展所做出的一系列条件的整合，包括可利用资源的分配、行业及技术发展理解力、结构和文化条件以及战略管理能力。Barton（1995）从创新主体的视角，指出企业技术创新能力是一个专业的、综合性的系统，包括人、技术、管理和企业价值观。以傅家骥为代表的国内学者则从技术创新过程的角度对技术创新能力进行界定。傅家骥等（1998）从技术创新过程的视角，认为技术创新能力是企业在技术创新、生产和吸收成果的三个环节中相互作用形成的一种包括创新资源、管理、倾向、研究开发、制造和营销六方面的综合能力。许庆瑞和魏江（1996）则认为技术创新能力是一种综合能力，应该由创新决策能力、R&D能力、市场营销能力、生产和组织能力组成。刘海涛、孙明贵（2009）将技术创新能力看作对技术创新过程的一种控制能力，认为其是高效整合、利用技术创新资源以实现高产出的能力。

企业是经济发展的主体，科技进步、宏观经济结构的转型离不开企业的创新活动。由于在创新网络中，分别包含企业、大学与科研院所、政府、中介机构等主体；非核心企业在创新网络中又具有规模相对较小、创新能力弱、组织架构单一等特点。因此，本书认为核心企业与非核心企业的技术创新能力主要包含以下三个方面，即创新基础能力、创新投入能力、创新产出能力（见图2-3）。

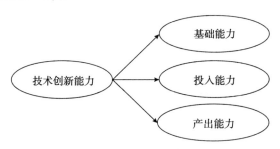

图2-3 企业技术创新能力分类

（二）创新网络中企业技术创新能力成长趋势

发展中国家企业创新能力成长的基本轨迹是从仿制能力到创造性模仿能力，再到自主创新能力[①]。成功的企业即核心企业，创新能力成长取决于

---

① 赵晓庆，许庆瑞. 企业创新能力演化的轨迹［J］. 科研管理，2002（1）：70-77.

关键因素与决定性因素，其中，决定性因素是核心企业技术创新能力的可获得量，该因素也决定着企业的创新模式选择，关键因素是创新能力与创新模式的匹配关系①。但是在创新网络中，与核心企业相对应的是非核心企业，非核心企业生产要素素质和技术创新能力相比核心企业水平较低，因此，非核心企业的技术创新能力提升则需根据自身发展需要，通常非核心企业采取合作创新方式增强核心竞争力；当非核心企业生产要素素质得到一定提升时，企业创新能力和外部创新环境均发生改变，导致非核心企业此时需要转变技术创新方式，从而进一步提升企业核心竞争力②。

而后非核心企业创新能力会发展到创新阶段，此时，非核心企业创新能力是在自身研发的基础上，与创新网络中的核心企业有机配合实现的共同技术创新能力。创新网络中的非核心企业技术创新能力包括两方面：自身的研发能力和配合其他企业的能力。根据比较优势原理，创新网络中的企业都有自己的研发领域，非核心企业亦不例外，非核心企业可以通过获得其他企业帮助提高技术创新能力③。因此，企业技术创新能力成长主要经历四个阶段，即仿制、创造性模仿、自主创新和协同创新，在技术创新能力成长过程中，创新能力构成要素持续积累、支撑着创新能力阶梯平台的螺旋演进上升④（见图2-4）。

（三）创新网络中非核心企业技术创新行为演化

在创新网络演化过程中，非核心企业创新行为主要经历三个阶段，即适应式创新、逆向式创新与集群式创新。在第一阶段，即适应式创新阶段，核心企业占据创新网络的主导地位，非核心企业处于从属地位，此时非核心企业主要适应、跟随核心企业的技术方向，努力嵌入创新网络中，扩大生产规模，获得规模经济效益；进入创新网络后，非核心企业逐步发展为第二阶段，即逆向式创新阶段，在此阶段，非核心企业仍然处于网络从属

① 曹素璋，高阳，张红宇.企业创新能力与技术创新模式选择：一个梯度演化模型 [J].科技进步与对策，2009（1）：79-84.

② 生延超.企业创新能力与技术创新方式选择 [J].管理科学，2007（8）：23-30.

③ 刘玮.开放式创新环境下技术密集型企业创新能力演化机理研究 [D].武汉：中国地质大学，2013.

④ 于渤，张涛，郝生宾.重大技术装备制造企业创新能力演进过程及机理研究 [J].中国软科学，2011（10）：153-164.

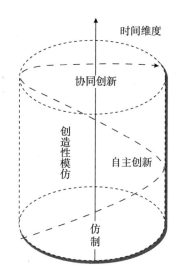

图 2-4 创新网络中企业技术创新能力螺旋式成长趋势

地位，技术能力得到一定提高，不仅能够适应核心企业引导的技术水平要求，还具备自主创新能力，逐渐融合到创新网络中，产生范围经济效益；最后，非核心企业发展到第三阶段集群式创新，在此时期，非核心企业已经开始支配整个创新网络，在网络中具有主导地位，拥有强大的技术能力，支配创新网络中其他企业发展方向，此时的非核心企业已经替代了网络中原有的核心企业，自身发展成为核心企业，创新网络中原来的核心企业被取代后，继续融合在网络中作为非核心企业继续发展或脱离网络遭到淘汰，此时产生网络经济效益，具体如表 2-2 所示。

表 2-2 创新网络中非核心企业技术能力成长趋势与特征

发展阶段	特征	非核心企业	核心企业
第一阶段 适应式创新	技术水平	弱	强
	知识吸收	强	强
	自主研发	弱	强
	知识专有性	弱	强
	发展方式	嵌入网络	支配网络
	经济效应	规模经济	规模经济

续表

发展阶段	特征	非核心企业	核心企业
第二阶段 逆向式创新	技术水平	较弱	强
	知识吸收	较强	较强
	自主研发	较弱	较强
	知识专有性	较弱	较强
	发展方式	融合网络	支配网络
	经济效应	范围经济	范围经济
第三阶段 集群式创新	技术水平	强	弱
	知识吸收	强	强
	自主研发	强	弱
	知识专有性	强	弱
	发展方式	支配网络	融合/脱离网络
	经济效应	网络经济	不确定

资料来源：笔者整理。

（四）创新政策与非核心企业技术创新能力的关系

大多数研究集中在创新政策与创新绩效的关系上，研究是否在政府政策支持过程中存在挤出效应，即政府支持创造了研发上的新投资（额外的投入）还是它们干脆挤出私人投资，用政府资金取而代之。从国外现有研究来看，大多数针对发达国家的最新研究否定了完全挤出假说：如 Ali-Yrkkö（2005）对芬兰的研究；Lach 等（2008）对以色列的研究；González 和 Pazó（2008）对西班牙的研究；Aerts 和 Czarnitzki（2004）、Czarnitzki 和 Hussinger（2004）、Czarnitzki 和 Licht（2006）与 Hussinger（2008）对德国的研究；Aerts 和 Schmidt（2008）对德国和佛兰德斯的研究；Cerulli 和 Potì（2012）对意大利的研究①。少数例外是在对美国小企业创新项目（SBIR）的研究中发现了完全挤出效应（Wallsten，2000）。对于发展中国家的研究，一方面，揭示了阿根廷政府支持对创新型企业创新存在的一种挤出效应；另一方面，

---

① Krzysztof Szczygielski, Wojciech Grabowski, Mehmet Teoman Pamukcu, Vedat Sinan Tandogan. Does government support for private innovation matter? Firm-level evidence from two catching-up countries [J]. Research Policy, 2017（46）: 219-237.

证明 1996~2003 年的巴西政府支持不存在挤出效应，并具有显著的正向影响。单独使用或与税收减免联合使用的政府拨款对克罗地亚中小企业研发力度存在正向影响，未发现挤出的证据。周江华等（2017）利用 2013 年河北省高新企业的有关数据进行回归分析后发现，财政补贴和税收政策均对企业创新绩效起正向作用，且企业的创新合作行为在该过程中起中介作用。

相关学者对创新政策与企业技术创新能力的研究相对较少，主要体现在创新经济学的演化方法中。该理论从企业技术能力、组织学习和创新体系方面对政府创新政策进行研究，认为新技术的发展是一种较小程度的竞争均衡的反映，而不是学习过程及品种产生和选择过程的结果。科技政策的作用是通过提高企业的技术能力、支持系统的合作和避免错误的技术相关选择中的"锁定"现象来推动这些进程。在发展中国家背景下，政府在社会和企业层面上促进技术能力的积累是企业开发技术知识的先决条件。

由于当前对非核心企业各方面的研究并不多，对于政府创新政策与非核心企业技术创新能力的研究更少，而相关的大部分文献从中小企业的角度进行了研究。洪勇、苏敬勤（2009）指出政策支持对创新网络中非核心企业技术创新能力提升具有正向影响。王伟光等（2017）认为财政支持及税收优惠等政策环境是影响非核心企业技术创新能力的主要因素之一。王春元（2017）通过采用沪深上市公司数据建立双重差分模型进行实证研究，发现 2013 年我国实施的税收优惠政策对国家重点扶持的小微高新技术企业 R&D 投资产生预期的激励效果。王飞飞（2016）利用 2011~2015 年 212 家中小企业的数据进行实证分析后，指出所得税税率优惠能够激励中小企业增加创新投入，而流转税税率优惠对创新投入无明显的激励效应，并且创新投入在税收优惠政策激励企业增加创新产出的过程中起中介作用。张信东、王亚丹（2017）利用 2007~2013 年深交所中小板企业数据，考察政府研发支出对中小企业技术创新的影响，发现研发税收优惠政策正向影响中小企业技术创新能力，而政府直接资助对中小企业创新投入的激励作用不明显，同时研发税收优惠对政府直接资助政策效果具有正向调节作用。李瑞晶等（2017）利用 2005~2015 年中小板、创业板 127 家上市公司及其所处省市的科技金融投入的相关数据，实证研究了不同渠道的区域科技金融投入对中小企业技术创新能力的影响，发现财政科技投入和创业风险投资对中小企业创新有正向促进作用，而银行贷款和资本市场的技术创新促进效果不明显，甚至产生反向抑制作用。

四、非核心企业的组织类型

综合前人对创新组织的研究，本书定义非核心企业创新组织（Innovation Organization of Non-core Enterprises，IONE）是隶属于核心企业创新系统，由一些不能或不必要独立组建完整 IVC 的非核心企业、部门，以创新发展为目的组成的联盟组织。IONE 以非核心企业为中心，可以在系统内完成创新全过程，具有独立架构，由其中控制能力相对较强的非核心企业引导创新活动，形成一个以知识创新为核心的组织参与核心企业系统运行。其本质是非核心企业在独立创新能力不足时，采用合并、联合、整合其他企业或部门策略，不断探索、扩展其可控的创新影响范围，用以在核心企业创新系统中保持位置稳固与升级。一般情况下，作为核心企业创新系统整体架构中的子系统，个别 IONE 短期发展对核心企业系统本身没有显著影响，但是非核心创新组织的层级性或区域性缺失将会造成严重影响。每个 IONE 具有完整的 IVC，然而受企业控制力差异影响，IONE 结构并不完全相同。

根据长期对制造业企业的跟踪调研和文献研究发现，IONE 结构基本类型可以从利益相关性和组织紧密度（王伟光等，2018）进行细分，具体为：高稳定性的对称结构、较为稳定的非对称结构、不稳定的对称结构三种。每种类型的 IONE 在维系时间、企业能力、行业属性等方面存在差异，但均有运营成功的案例。高稳定性的对称结构中，中心企业效益直接影响边缘企业，各边缘企业与中心企业间关系的紧密程度基本一致。在该类型的组织结构下，企业间合作通常是长期且稳定的，多见于模块化配件的总装企业与配套企业之间。较为稳定的非对称结构中，中心企业与个别边缘企业间关系紧密程度超过其他企业，出现组织结构的非对称性偏差。在该类型的组织结构中，边缘企业受中心企业影响较大，且部分边缘企业存在脱离 IONE 的风险，多存在于技术研发和代工生产分工的联盟中。不稳定的对称结构中，中心企业的利益对边缘企业影响不大，联合目的仅为短期内实现创新资源整合，往往随着项目的结束而终止合作，企业与科研机构、高校之间的技术咨询合作多属此类。由此，IONE 结构的稳定性可以分成高、中、低三类（见图 2-5），不同程度的稳定性对创新活动的影响效果不同。根据 IVC 结构相关研究，基于创新难度划分的长、中、短链结构的 IVC 与 IONE 结构具有适配性，通常稳定性程度更高的 IONE 结构更适宜创新难度较大的 IVC 长链结构，而那些难以维持长链创新的组织结构，也能通过不断的拆分重组无意间促进知识流动。

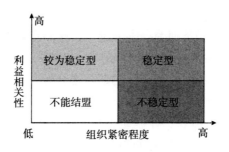

图 2-5　非核心企业创新组织类型

在核心企业周围存在大量不同结构类型的 IONE，它们在核心企业控制力影响下，不断发展演化共同构成核心企业创新系统。非核心企业类型多样，诸如 INOE 内部的边缘企业在数量、规模、功能上都存在较大差异，导致 IONE 结构较为复杂，难以进行理论建模。由于复杂结构图是基本图的组合，因此仅需对基本 IONE 结构的知识效应进行探讨即可。为此，本书使用图论基本原理对 IONE 结构进行分解，抽象出 IONE 的基础图结构。定义基础的 IONE 由一个中心企业和两个边缘企业构成的企业创新组织，并根据稳定性程度划分为三种 IONE 结构模式，即高稳定性的引领式组织、中稳定性的内化式组织和低稳定性的并列式组织。IONE 结构基础模型中，A 代表中心企业，B、C 代表边缘企业（见图 2-6）。三个企业共同组成 IVC 的"创意—研发—生产"过程，但本书 IONE 内不具体区分三者的职能分属。图 2-6 中，企业图形大小表示该企业控制能力的大小，而箭头方向表示控制力的影响方向，箭头粗细表示控制力的影响大小，虚线则表示两者关系不在考虑范围。由于非核心企业数量众多，单个 IONE 受核心企业创新系统的影响较小，因而模型中暂不考虑 IONE 受外部政策及环境因素影响的情况，即假设外部环境较为稳定。

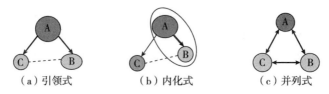

图 2-6　非核心企业创新组织结构模式

（一）引领式创新组织结构模式

引领式创新组织是三种组织结构模式中最稳定的，内部的中心企业 A 与边缘企业 B、C 之间是从属关系，且边缘企业的规模、利润等主要受中心企业影响。组织研发由中心企业主导其他企业配合，协作沟通顺畅。各个边缘企业与中心企业之间的关系基本无偏差，当创新组织解体时，所有成员均同时脱离组织。由于引领式创新组织结构稳定性高，可适应不同创新难度的长、中、短 IVC 结构，有利于非核心企业制定长期的创新规划，从而实现对同类企业的跟随、并行乃至超越。但是，该模式的高稳定性强化了中心企业利益最大化的原则，容易导致顺轨创新后期的知识学习不足，最终在转轨时期整体遭受来自市场的毁灭式打击。因此，引领式创新组织结构模式具有系统封闭、合作稳定、一损俱损的特点。例如，手机变成触摸屏后淘汰了按键技术系列企业、数码相机取代胶片相机时淘汰了胶卷系列企业等。

（二）内化式创新组织结构模式

内化式创新组织是稳定性居中的结构模式，中心企业 A 与边缘企业 B、C 同样是从属关系，但与引领式不同的是，中心企业周围形成了部分内化的"中心—外围"结构。边缘企业 B 的规模、效益与中心企业 A 息息相关，而 C 企业受影响相对较小。组织结构呈现出紧密程度偏差的情况，当创新组织解体时，关系不够紧密的边缘企业 C 会先行脱离。由于企业 A、B 之间信任度更高，使企业 A、B 间沟通效率更高、知识流动更快、知识吸收更好。内化式创新组织结构模式兼具稳定关系和不稳定关系，具有系统半封闭、合作较稳定、一荣俱荣的特点。例如，企业与高校及科研院所针对某项目进行创新合作，形成完整的 IVC，当企业项目技术被淘汰时，中心企业及下游企业将被迫退出该项目市场竞争，而研究机构受项目影响相对较小。

（三）并列式创新组织结构模式

并列式创新组织是稳定性最弱的结构模式，中心企业 A 与边缘企业 B、C 之间并非从属关系，其间合作通常为了实现创新资源的互补和共享。中心企业 A 的创新能力略微占优，与边缘企业 B 和 C 之间的关系紧密程度基本相同。结构模式的不稳定性带来了两方面的影响：从 IONE 来看，不稳定性导致组织的知识增长容易受外界干扰，不利于组织进行高难度的长链结构创新；从核心企业创新系统来看，在创新组织不断地解体与重构中，实现了由知识扩散带来的倍积效应，有利于实现新知识增长。比如，创新园区中的科研院所充当了中心企业的角色，在创新活动中频繁与不同企业构建合作关系，随着项目交流和人员流动实现了技术专利、产品、管理经验、企业文化等知识的扩散。

综上所述，根据创新组织结构稳定程度从高到低，将 IONE 划分为引领式、内化式以及并列式。而且，三种结构模式各具优势：最容易集中力量创新的是引领式，组织信任程度最高的是内化式，而知识扩散效率最高的是并列式。

第三章

非核心企业的创新机理

一、非核心企业技术创新能力的成长机理

（一）非核心企业技术创新能力的影响因素

作为创新网络中的非核心企业若想实现追赶战略需要以技术创新能力提升为基础，而其技术创新能力的生成和提升需要基于技术链和产业链的发展；自主研发活动是提升企业创新能力的有效手段，非核心企业需要在技术引进的同时构建有效的自主研发保障体系，通过开展自主研发活动迅速提升技术创新能力[1]。洪勇、苏敬勤（2009）研究表明，政策支持对非核心企业技术创新能力提升起到正向影响作用，市场压力对技术创新能力提升起到负向影响作用；外部技术转移对技术创新能力提升起到负向影响作用，并且，作用效果显著；外部创新环境对非核心技术创新能力提升影响作用不明显。刘炜等（2012）认为企业技术创新能力发展和创新产品竞争力提升可以通过产学研合作，充分发挥企业所在创新网络中的高校和科研机构的作用，加快科技成果转化。李慧巍（2013）通过问卷调查，分别研究了创新网络中企业学习能力、创新能力与网络整体竞争力之间的关系，从创新产品升级和流程升级方面进行实证分析，验证了学习能力与网络竞争力之间的关系，认为技术创新能力起到了中介作用。

同时，创新网络中的非核心企业创新能力通过其构成要素之间的关系

---

[1] 徐雨森，洪勇，苏敬勤. 后发企业创新能力生成与演进分析 [J]. 科学学与科学技术管理，2008（5）：9-14.

对技术创新能力产生影响；各要素均对技术创新效率产生正向影响；组织与管理要素、设备要素和信息要素对技术创新效率具有非常显著影响，主要是通过人员要素实现的[①]。非核心企业技术创新能力在开放式创新模式和创新绩效之间起中介作用，开放式创新对企业技术创新能力具有正向促进作用，并直接和间接通过企业技术创新能力正向影响创新绩效[②]。通过以上文献梳理，本书认为创新网络中非核心企业技术创新能力影响因素主要集中于以下五个方面，即技术水平、知识吸收、研发模式、知识专有性和网络环境因素（见图3-1）。

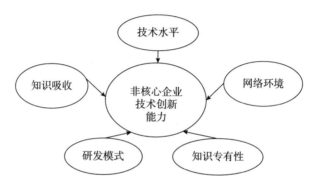

图3-1　创新网络中非核心企业技术创新能力影响因素

（二）非核心技术创新能力成长模型

通过以上有关创新网络中非核心企业与核心企业相关理论研究、文献梳理，本书将通过对创新网络中影响非核心企业技术能力成长的五因素即技术水平、知识吸收、研发模式、知识专有性与网络环境进行系统研究，分析五大影响因素中不同变量对非核心企业技术创新能力的正向与负向影响，从而提升非核心企业技术创新能力。同时，非核心企业技术创新能力成长的趋势遵循从仿制、创造性模仿、自主创新到协同创新的过程，经历三个成长阶段即适应式创新、逆向式创新与集群式创新，其中，在第一阶段适应式创新中，非核心企业处于创新网络的下游，受核心企业控制，主

---

① 杨莹，于渤，田国双. 企业创新能力对技术学习率作用机制研究［J］. 科技进步与对策，2014（7）：85-91.

② 陈曦，缪小明. 开放式创新企业创新能力和创新绩效的关系研究［J］. 科技管理研究，2012（14）：9-13.

要依靠知识吸收提高技术创新能力，非核心企业技术创新能力处于仿制阶段；在第二阶段逆向式创新中，非核心企业逐步发展到创新网络的中游，核心企业控制力变小，开始进行创新活动，自主研发能力有所提高，此时技术创新能力处于创造性模仿阶段；到第三阶段集群式创新时，非核心企业已经发展到创新网络的上游，已摆脱核心企业的控制，技术创新、知识吸收与自主研发能力达到同行业极高水平，技术创新能力提高主要依靠自主创新，在此阶段创新网络中非核心企业已经逐步发展成为核心企业。通过以上理论分析，本书创造性构建了创新网络中非核心企业技术创新能力成长模型，具体如图 3-2 所示。

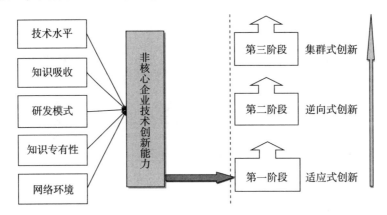

图 3-2　创新网络中非核心企业技术创新能力成长模型

二、创新政策影响非核心企业技术创新能力的作用机理

（一）供给型政策作用机理

1. 财政科技拨款政策

财政科技拨款政策（见图 3-3）是国家和各级政府为推动企业创新活动、解决对国家发展具有重大影响的技术难题而设置的针对一些研发项目投入资金的活动，其特点是直接向资助对象提供资金支持。政府财政科技拨款政策的投资对象除包括非核心企业和核心企业外，还应包括高校及科研机构。事实上，研发项目可划分为基础型研发项目和应用型研发项目，基础型研发项目通常涉及基础技术领域，研发成果具有较强公共性，而应

用型研发项目通常涉及前沿技术领域，研发成果具有较强商业性。高校及科研机构作为基础性科学研究和创新性科学原理研究的社会组织，政府更愿意向高校及科研机构的这类研发项目进行投资。财政科技拨款政策对企业创新活动直接提供资金支持，有利于降低企业的研发风险和研发成本，化解企业开展创新面临的融资难问题，提升融资能力，并在一定程度上激励企业加大研发投入力度，提升企业技术创新能力。财政科技拨款政策对非核心企业技术创新能力的作用机理在于：分担了非核心企业开展创新活动所需承担的风险，增强企业创新动力，直接刺激非核心企业加大创新资金投入金额，提升非核心企业技术创新能力；通过向高校及科研机构提供资金支持，加大其创新投入，提高创新产出，进而为非核心企业提供相关技术支撑；向核心企业提供资金支持，提升核心企业创新投入，进而提高核心企业技术创新能力，核心企业与非核心企业间交流，导致知识流出与知识溢出，促进非核心企业知识储备增加，提升技术创新能力。

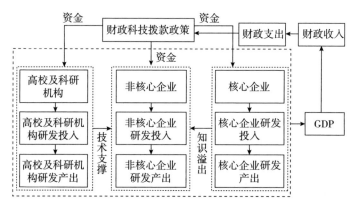

图 3-3　财政科技拨款政策作用机理

2. 税收优惠政策

税收优惠政策（见图 3-4）是指政府在税法基本规定的基础上，通过税率优惠、免税、加速折旧及税前扣除等方式补贴被征税对象，给予被征税对象一定的激励措施，从而减轻其纳税义务，以达到鼓励和支持某些行业或某些地区企业发展的目的。与财政政策相比，间接性为税收优惠政策的最大特点。它是一种具有普惠性，倾向于利用企业和市场力量的政策工具。税收优惠政策比较灵活，具有广泛、公平、无歧视等特点，能够充分利用市场机制，激发创新主体的能动性，促进企业加大研发投入力度。该政策影响投资收益和风险，改变企业的资产组合，使政府成为投资者的隐匿合作者，分担一部分风险。税收优惠政策的作用机理：通过税收优惠政策减轻了非核心企业的税务负担，增加了非核心企业利润，促使非核心企业有更多的资金开展创新活动，同时分担了非核心企业创新所产生的风险，增强了非核心企业创新的意愿，进一步推动非核心企业采取创新行为；核心企业在税收优惠政策激励下，同样会加大创新投入，创新活动中的知识流动和知识溢出进一步带动非核心企业创新能力的提高。

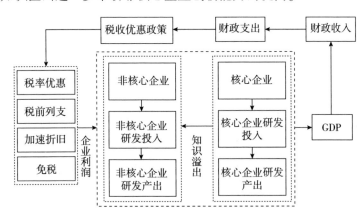

图 3-4　税收优惠政策作用机理

3. 财政教育支出政策

财政教育支出政策（见图 3-5）是国家为改善教学环境、培养各类人才所进行的教育性经费支出。创新活动的开展离不开高素质人才，人是企业提升技术创新能力的决定性资源。作为开展创新型教育活动的高等院校在培养高素质人才，尤其是创新型人才方面发挥着不可取代的重要作用。高等教育投入的增加有助于高校培养更多的创新型人才，提升高校创新型人才的输出量，为企业创新活动营造良好的人才环境。教育是一种准公共产品，政府对教育进行充足的资金投入和合理的配置，能够有效地从根源上解决教育领域长期存在的一些问题。财政教育支出政策的作用机理：该政策通过加大对高等教育的投入力度，吸引和激励更多的学生接受高等教育，全面提升了人才素质，带动高校创新型人才输出量的增加，促使非核心企业更容易获得创新型人才，间接促进非核心企业创新型人才投入，进而提高非核心企业技术创新能力。

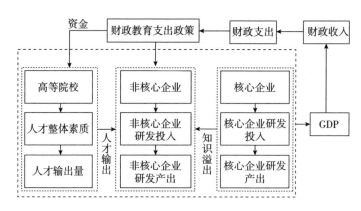

图 3-5　财政教育支出政策作用机理

（二）需求型政策作用机理

政府采购政策（见图 3-6）是指政府使用财政性资金在政府的统一管理监督下获取货物、工程和服务的行为，是拉动企业技术创新和产品需求的一种重要政策性工具。政府采购可以促进企业创新，其首要作用是扩大对市场中已有的创新产品的需求（Geroski Paul，1990）。通过增加对新产品的需求，使企业实现规模经济效益，从而对企业 R&D 投入产生激励作用（李冬琴，2018）。可以调控企业研发的产品结构，引导并推动国家重点产业的发展，迫使采购供应企业提高自身技术创新能力以满足政府采购需求，而且也可以为创新产品提供商业化平台，推动企业对新产品进行检验和改进。其作用机理：政府采购政策在影响非核心企业产品价格的同时扩大对核心企业产品的需求，从而优化市场资源配置，提升非核心企业利润空间，激励非核心企业加大创新投入，提升技术创新能力；核心企业仍然通过知识流动和知识溢出增加知识储备，进一步影响非核心企业技术创新能力。

（三）环境型政策作用机理

1. 科技服务政策

科技服务政策（见图 3-7）主要指支持科技服务中介机构建设而制定的一系列政策。科技服务中介机构是指在企业科技成果产生到实现产业化生产的整个过程中，以企业尤其是科技型企业为服务对象，向其提供信息、资源、咨询等服务的非政府机构。这类机构在促进技术的传播和扩散、加快科技成

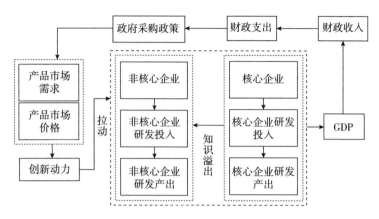

图 3-6 政府采购政策作用机理

果的转化、开展科技项目的评估、创新资源的配置、保障创新决策的实施等方面发挥重要作用，在推动企业创新过程中扮演"媒婆"和经纪人的重要角色："媒婆"利用其拥有的网络优势，筛选和加工大量信息，控制着知识的流入渠道，推动资源需求方和供给方建立联系或协调其合作，承担着搭建双方桥梁的重要职责；经纪人根据客户需求，为其寻求最合适的知识源，帮助其解决创新过程中出现的难题，如市场准入、技术开发、知识整合等。科技服务政策的作用机理：通过科技服务中介机构搭建非核心企业与高校及科研机构间的合作平台，共同提升创新能力，为非核心企业持续创新提供资源保障及技术支持，并为非核心企业科技成果转化提供服务，而核心企业如上述各类政策，通过知识溢出进一步增强非核心企业的技术创新能力。

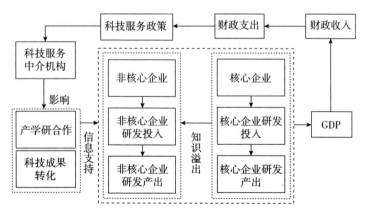

图 3-7 科技服务政策作用机理

2. 金融政策

金融政策（见图3-8）是指政府为完善金融机构和企业间的合作平台，积极引导银行、资本市场、保险市场等参与企业创新活动而制定的一系列政策。融资是大多数企业在生产经营过程中面临的难题，该难题对于规模较小的非核心企业来说更为严峻。政府实施金融政策有利于完善金融扶持体系，引导资本市场积极参与企业开展的创新活动，提升企业技术创新能力。政府通过金融政策培育发展金融市场，可以有效地推动资本市场自由化，保护外部投资者利益，正向激励企业无形资产投资，提高企业创新能力。金融政策的作用机理：为非核心企业完善融资环境、拓宽融资渠道，建设完善的金融体系，解决非核心企业创新资金短缺问题，从而激励企业开展创新活动，提升技术创新能力；完善的金融体系同样促进核心企业创新，促使知识向非核心企业流动和溢出，进一步提升非核心企业创新能力。

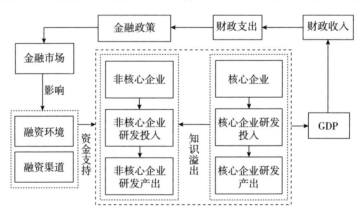

图3-8 金融政策作用机理

（四）各类政策综合理论模型

在以上理论基础上，本书以创新政策影响非核心企业技术创新能力为导向构建综合理论模型（见图3-9），该理论模型包括核心企业、非核心企业、高校及科研机构、科技服务中介机构、金融机构、政府一系列行为主体，政府出台供给型政策、需求型政策及环境型政策，为非核心企业创新活动提供资源支持、扩大市场需求、改善创新环境，进而提升非核心企业技术创新能力。创新政策是整个模型的驱动变量，其中供给型政策包括财政科技拨款政策、税收优惠政策和财政教育支出政策；需求型政策包括政府采购政策；环境型政策包括科技服务政策和金融政策。

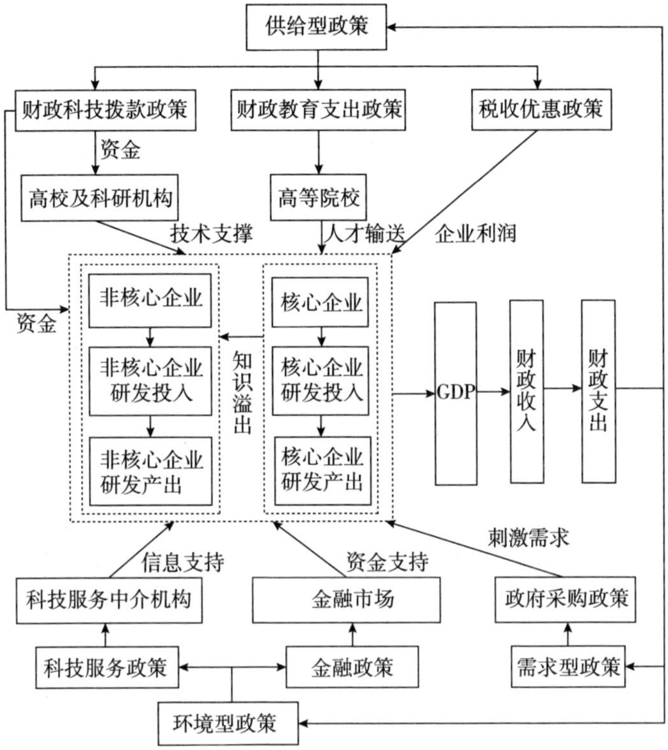

图3-9 不同类型创新政策作用机理综合理论模型

三种不同类型政策通过不同的渠道影响非核心企业和核心企业创新投入，进而影响创新产出，在此过程中，核心企业又作为知识转移的溢出方影响非核心企业创新投入和产出。供给型政策中，财政科技拨款政策通过向高校及科研机构、非核心企业和核心企业提供创新资金影响非核心企业技术创新能力；教育支出政策通过向高等院校提供教育资金，影响科研人才素质和数量，进而影响非核心企业技术创新能力；税收优惠政策通过降低企业税负影响企业利润，分担开展创新活动所带来的风险，进而影响非核心企业技术创新能力。需求型政策中，政府采购政策通过影响产品市场需求和市场价格，激励非核心企业开展创新活动，提升自身技术创新能力。环境型政策中，科技服务政策通过影响科技服务中介机构完善程度，提供信息支持，提升非核心企业科技成果转化率，进而提高其技术创新能力；金融政策通过影响融资环境，缓解非核心企业资金短缺问题，激励其提升自身技术创新能力。

三、非核心企业 IONE 知识演化机理

（一）IONE 组织内的非核心企业追赶

非核心企业创新组织（IONE）是核心企业创新系统的亚微观单元，同核心企业的知识轨道相似，因而 IONE 的知识学习研究难以避开核心企业。由于本书为理论初步探索，仅考虑核心变量之间相关关系。因此，将创新主体简化设定为仅有核心企业与非核心企业二元结构，并限定知识流动仅为单一门类（见图 3-10）。且本书重点分析 IONE 及 IVC 结构下企业知识增长效果差异问题，创新投资、知识基础等核心要素缺失无法完成 IVC 创新，因此进一步限定模型不受创新资源约束，即模型的创新活动可持续进行。本模型仅研究非核心企业追赶过程，当非核心企业知识存量超过核心企业，即意味着非核心企业在创新领域已晋升为核心企业，将不再进行探讨。

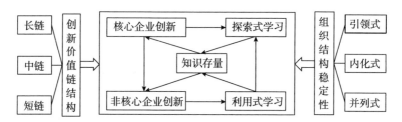

图 3-10 机理模型

March（1991）从组织学习视角提出探索创新与利用创新的构想，内生增长理论认为企业长期发展取决于其知识储备，而知识学习通常分为利用式学习和探索式学习。因此，设定知识增量主要受利用式学习和探索式学习两种方式影响。企业初期为了生存采取的引进、消化、吸收等知识增长方式归纳为利用式学习；当企业为了提升系统位置而进行新知识领域探索，则归纳为探索式学习。非核心企业与核心企业在知识学习上具有明显差异：核心企业占据关键技术和丰富的知识存量，为了进一步强化知识存量优势、提升系统控制力，通过探索式学习实现知识增长；非核心企业技

术体系不完善、知识存量小，导致早期的知识来源主要是对核心企业知识的利用式学习。非核心企业通过利用式学习不断缩减与核心企业的知识势差，而"核心—非核心"企业间竞争力保护机制将会触发，即当知识势差低于一定阈值时，核心企业将控制知识溢出以限制非核心企业知识增长。

（二）IVC 组织内的非核心企业追赶

非核心企业的知识增长同时受到 IONE 结构稳定程度和 IVC 结构创新难度的双重约束。一般 IVC 结构越长则创新难度越大，导致创新活动的周期也越长；结构越短则创新难度越低，容易在短期内完成创新活动。经过企业实地走访及文献整理发现：IVC 短链结构的创新活动集中于 IVC 后端的产品创新，具有知识增量少、周期短的特点；IVC 长链结构的创新活动集中于 IVC 前端的知识创新，具有知识增量大、周期长的特点。IONE 结构划分的三种模式之间稳定程度不同。稳定性低的组织成员信任度较低，在知识的分享和学习中有所保留，导致知识流动效率较低。稳定性高的组织成员可快速实现知识的相互学习，协同完成"研发—应用—生产"的 IVC 全过程。与此同时，组织稳定性更高的非核心创新组织的内部封闭性也更高，这会导致组织过分"安于现状"而失去竞争意识，从而丧失拓展知识广度的欲望。因此，非核心企业在构建创新组织时，将考虑对 IVC 结构和 IONE 结构的二元复合选择，即企业在选择既定创新难度的价值链结构时，应构建何种 IONE 结构进行适配，以实现非核心企业对核心企业的追赶。

四、非核心企业反向知识溢出机理

知识经济时代，知识已经成为企业发展的重要战略资源。与传统生产要素相比，知识已成为企业维持竞争优势的重要源泉，随着企业竞争压力的日趋增加，复杂多变的经营环境给企业的技术创新提出了更高的要求，仅仅依靠企业内部知识已不能满足技术创新的需求，企业间合作创新的日益频繁，通过与其他外部企业合作交流获取外部知识已成为企业提高知识存量和技术创新能力的重要途径。自 1977 年 Teece 提出知识转移的思想之后，知识转移逐渐成为企业知识管理领域的关注焦点。作为企业间沟通协作和协作创新的平台，技术创新网络为企业间知识转移创造了条件，技术创新网络内各节点企业占据的网络位置和拥有的知识并不均匀，各企业间存在着知识差距，核心企业占据着核心位置，控制着网络大量创新资源，技术创新能力强，是技术创新网络的主导者；非核心企业处于网络边缘位置，拥有的创新资源较少，受到核心企业知识权力的支配和影响。核心企业在技术创新网络中的重要性不言而喻，但离开非核心企业的支撑和配合，技术创新网络的发展将难以为继，技术创新网络的发展离不开核心企业与非核心企业的良好互动和耦合。核心企业与非核心企业间的知识势差将导致企业间知识流动，技术创新网络中非核心企业技术创新能力弱，对网络外知识的转化能力不如核心企业，核心企业将外部知识吸收转化，然后将知识转移给非核心企业，这将有利于非核心企业提高自身知识存量和技术创新能力，能更好地实现对核心企业的支撑和配合作用。

技术创新网络中核心企业与大量与之配套的非核心企业在空间上的相近性，将加快知识传播的速度，使网络中非核心企业在获取知识、积累知识和提高知识存量方面形成对网络外企业的比较优势。技术创新网络中非核心企业与核心企业知识转移有助于技术创新网络知识存量的积累和网络创新绩效的提高，对非核心企业与核心企业间知识转移进行深入研究探讨，能够深刻理解和掌握两者间知识转移的动态过程及相关特征，有利于提高技术创新网络中企业间知识转移效果，同时对于非核心企业更好有效地获取外部知识、提高自身知识存量和技术创新能力具有重要的现实指导意义，可以更好地实现对核心企业的配套和支撑作用，为技术创新网络发展提供强有力的支撑。

（一）企业间的知识转移

知识转移是近些年知识管理领域的研究热点。知识转移是企业提高知识存量和技术创新能力的重要途径，同时知识转移需要转移双方的共同参与，影响因素众多，这就对企业进行知识转移提出了更高的要求。国内外众多学者对企业间知识转移进行了大量的研究，其中针对知识转移影响因素的分析，大多数研究主要从知识、参与主体、情境和媒介四个方面来展开。Levin D. Z. 和 Cross R.（2004）进一步将影响企业间知识转移的因素细分为知识源、接收方、转移的知识、双方关系和转移情境。薛求知、关涛（2006）针对知识转移的影响因素研究中，将知识转移双方的多个方面进行比较，涉及双方的地理位置、关系距离、知识存量以及组织制度等。王清晓、杨忠（2006）针对转移媒介的研究认为，转移渠道在知识转移过程中发挥着重要作用。张大为、汪克夷（2009）认为知识转移情境的范围很广，是包括文化、信任和社会网络等在内的一种软环境。王向楠、张立明（2012）运用元分析技术，通过文献梳理和关键词筛选，系统地分析了企业间知识转移的众多影响因素，最终发现企业规模、知识吸收能力、网络密度、网络中心性、信任水平、关系强度、共享意愿和价值观与企业间知识转移显著正相关，知识模糊性和文化距离会阻碍企业间知识转移，知识转移能够促进企业创新能力和绩效水平的提高。

众多学者的研究成果为本书的研究提供了大量的思路和建议。影响企业间知识转移的因素众多，同时众多因素之间存在着层级关系，对于影响非核心企业与核心企业间知识转移因素的分析与选择，影响因素并非越多越好，选择具有代表性和适当数量的因素能够起到重点把握非核心企业与核心企业知识转移的效果。本书基于已有学者的研究基础，结合本书的研究目的及需要，重点选取了影响技术创新网络中非核心企业与核心企业间知识转移的 13 个影响因素，如表 3-1 所示。下面将结合非核心企业与核心企业间知识转移做出具体分析。

表 3-1　技术创新网络中非核心企业与核心企业知识转移影响因素分析

因素类型	影响因素
知识特性	内隐性、模糊性、互补性
转移主体	转移意愿、转移能力、吸收能力
转移情境	知识差距、企业文化、组织结构、激励机制、信息技术平台、相互信任度
转移媒介	知识转移方式

资料来源：笔者整理。

1. 知识特性

知识特性是指知识作为特殊的物品而特有的性质。本书综合相关文献将影响非核心企业与核心企业间知识转移的知识特性分为内隐性、模糊性和互补性。知识的内隐性表现为知识不易于表达和编码，在传递知识过程中比较困难，人们知道的知识要多于其能表达传递出来的。隐性知识是一种与既定环境有关的、不能轻易描述的知识，需要在一段时间内反复实践中转移传递，知识内隐性越低，知识就越容易转移。李小倩（2015）认为隐性知识的转移过程中，知识接收方企业的学习动机和制度在一定程度上能缓解隐性知识的相对不可转移性。知识转移的可操作性研究中认为复杂的、模糊性的知识在转移过程中会比较困难。知识体系交互性越大的上下游企业间知识扩散的速度也越快。技术创新网络中核心企业与非核心企业间的专业化分工和合作的需要使两者的知识结构存在着差异性和相互依赖性，两者的知识在某种程度上可以实现互补，非核心企业与核心企业间知识互补性越强，二者之间的知识转移就越容易进行，知识转移效果和效率也会提升。因此，本书认为知识的互补性有利于提高核心企业与非核心企业间知识转移的协调性，对知识转移产生正向的影响。

2. 转移主体

企业间知识转移进行分阶段研究，认为在知识转移的每一个阶段存在着不同的主要影响因素，后期阶段接收方知识吸收能力的提升能够显著地影响企业间的知识转移效果。对企业内部知识转移的研究发现，知识源的发送意愿是影响内部知识流动的重要因素。在其他因素维持合理的水平范围内时，知识源的编码和转移能力是衡量知识转移效率和效果的重要指标因素。知识吸收能力、知识转移能力和知识转移意愿这三个因素对非核心企业与核心企业间的知识转移有正向的影响。知识吸收能力越强，在核心企业发送既定知识量的情况下，非核心企业对知识的吸收越充分，转化为自身的知识就越多。核心企业知识转移意愿和转移能力越强，对非核心企业的知识转移就越容易进行，转移知识量就越多。

3. 转移情境

知识转移情境是由制度、组织、文化、工具和信息系统等综合构成的知识转移氛围与通道，其本质上是企业间沟通交流的软环境。知识转移情境可分为社会情境、组织情境和关系情境三个层次，认为知识转移活动是组织间在一定的情境下发生的社会互动。文化差异、地理邻近和知识距离等主体间的差异会降低组织间知识转移情境的协同配合程度，因而会对组织间的知识转移效果产生不利的显著影响。

非核心企业与核心企业的知识转移活动在一定的转移情境下进行，知识差距是指出于对知识权力的控制和核心知识的保护，核心企业对非核心企业的知识转移会限制在一定的范围内，核心企业会刻意与非核心企业维持一定的知识差距，当知识差距达到预先设定的值，核心企业会终止对非核心企业的知识转移。企业组织结构、激励制度和信息技术平台能够为非核心企业与核心企业间的知识转移提供硬件上的支撑，如信息技术平台将对非核心企业与核心企业之间的交流沟通产生重大影响，影响着两者间知识转移的方式。企业文化和相互信任度有助于非核心企业与核心企业营造良好的合作氛围，拉近双方心理上的距离，有利于知识转移活动的开展和顺利进行。

4. 转移媒介

知识转移活动需要在特定途径或方式下进行，知识转移媒介的选取会对知识转移的成本和效率产生直接的影响。知识转移双方在知识转移过程中对沟通交流中介的选择会对转移效果产生影响。由于组织间的制度、文化等方面差异会影响双方的知识转移效果，因此选择合适的方式进行知识转移就显得尤为重要，而组织间隐性知识较显性知识更难转移，因此隐性知识对双方选择的转移方式更为严格。非核心企业与核心企业间适当的知识转移方式能够避免知识转移过程中失真现象的发生，确保所转移知识的质量，同时非核心企业更容易使接收方吸收和应用知识。

非核心企业处于网络的核心位置，占据大量的创新资源，知识存量大，技术创新能力强；非核心企业处于网络边缘位置，拥有的知识存量小，技术创新能力弱。在非核心企业与核心企业知识转移的过程中，本书只考虑处于优势地位的核心企业对处于知识劣势的非核心企业单向的知识转移，对非核心企业向核心企业的少量和偶尔的知识转移不再考虑。核心企业在与非核心企业协同创新过程中占据主导地位，从事供应链上核心产品的研发；非核心企业在协同创新过程中起到从属和为核心企业配套的地位。核心企业进行知识发送，主要为获取知识资产化的价值，使得非核心企业提升知识存量和技术创新能力，使得非核心企业更好地满足核心企业的配套需求。非核心企业接收转移知识，主要是吸收并内化转移而来的知识，提升自身知识存量，建立和完善技术创新体系，提升自身的技术创新能力，非核心企业与核心企业间的知识转移有利于技术创新网络的发展和网络创新绩效的提高（见图3-11）。

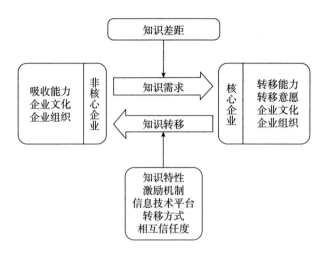

图 3-11 非核心企业与核心企业知识转移因素模型

（二）企业间的知识溢出

知识溢出是指企业间通过构建合作网络在从事相似活动的环节中彼此获得收益的过程，该过程的发生多基于组织间联盟以及企业员工间社会关系（Almeida and Kogut，1997；Roper and Hewitt-Dundas，2013）。作为"马歇尔外部性"的重要机制之一，知识溢出概念很早就被经济学家们用来解释产业集聚（夏扬、陈嘉伟，2015）、技术进步（姚耀军、施丹燕，2017）、新知识生产（李姗霖等，2017）等新经济地理学和内生增长理论的经济现象。越来越多的企业将知识溢出视作除自主创新以外的重要知识创新来源（Bloom et al.，2013），在通过将内外部知识体系融合实现知识增长的同时，对知识的二次创新也是重构企业技术轨道的必要条件。

知识溢出是系统性行为，研究知识溢出行为的影响因素、方式路径以及效应较为复杂。以接受方为研究对象，知识吸收能力的强弱在网络位置影响知识溢出的过程中发挥调节作用（钱锡红等，2010）。而对发起方而言，知识溢出行为受到企业的创新开放程度（周爱苹等，2017）、地理临近性以及技术多样性（刘凤朝、楠丁，2018）等因素影响。将双方同时纳入研究范围，影响知识溢出参与者的因素则主要有知识势差、溢出阈限以及技术差异化程度。知识溢出主要存在两种方式，一种是存在主观意愿的知识选择性披露（陈博，2013），另一种是无法控制、难以避免的知识泄露

（Hauser et al.，2007；李宇等，2017）。企业间知识溢出的主要路径也存在两种，一种是交互式研究合作过程中发生的知识溢出，另一种是基于买卖关系或供应关系的非交互式知识溢出（Norman，2002）。后者通常由于失去核心技术优势而降低企业绩效，并暴露产业地位的"弱点"（Frishammar et al.，2015）。由于企业间知识溢出具有显著外部性特点，接受方对知识的二次创新使其具备转变为发起方的可能，这种封闭式知识循环系统最终会带来知识溢出创新收益的乘数效应（Andrea and Cinzia，2007；Joern et al.，2013；Hongyan and Kevin，2014），从而加速创新活动的网络集群化（Tödtling and Kaufmann，1991）。

（三）非核心企业的反向追赶

随着某地区和行业内核心企业的不断成长，围绕着其人才、技术、制度等优势资源，逐步集聚了大量中小企业，初步塑造了创新生态系统的雏形。核心企业负责对创新生态系统进行管理，尤其在吸引、培育和选择合作成员方面，其本质是通过强化正向知识溢出效应实现网络控制能力的提升。非核心企业本着短期实现盈利的目的，搜索并选择能够匹配市场利基的外部知识，这些知识很大程度上来源于核心企业的正向知识溢出。非核心企业吸收来自核心企业的知识溢出，将会与本企业原有知识体系发生冲突，通过对外来知识的再认识（Recognition）、再挖掘（Reprocessing）、再整合（Re-excavate）、再加工（Reintegration）行为（以下简称 4R 行为），形成贴近市场前沿的差异化知识群。这些盈利速度快、应用专有性强的知识群成为非核心企业嵌入创新生态系统的"筹码"，借此在系统中换取稳定的位置。而面向市场需求的核心企业为了重构或调整核心知识轨道，也迫切需要融合来自非核心企业的差异化知识。双方的共同需求促成了非核心企业向核心企业反向知识溢出行为的发生。至此，知识的闭路循环过程不仅提升了非核心企业的网络位置、强化了核心企业网络控制能力，而且影响了整个创新生态系统的动态演化（系统核心知识轨道重构）。基于开放式创新视域下的非核心企业反向知识溢出的机理模型构建如图 3-12 所示。

非核心企业反向知识溢出研究是知识溢出理论不可分割的重要拼图，避免研究局限于以核心企业为知识溢出发起者、非核心企业为接受者的单一视角，丰富和拓展了"非核心—核心"企业的动态网络演化研究。

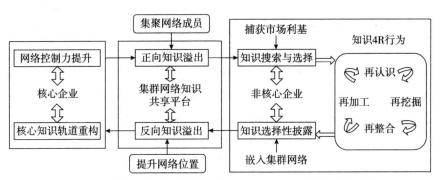

图 3-12　基于开放式创新的非核心企业反向知识溢出机理模型

第四章
非核心企业创新发展的实证分析

一、非核心与核心企业的识别——筛选分析

（一）理论分析

由于非核心企业创新行为演化在很大程度上受制于其所在网络及其结构的影响，核心企业的创新行为、特点也不断地发挥着示范作用，并逐渐溢出到网络中。作为创新网络中的非核心企业若想实现技术追赶和赶超，需要以技术创新能力提升为基础，而其技术创新能力的生成和提升，有赖于技术链和产业链的发展，也有赖于对内外部因素的综合影响。影响创新网络中非核心企业技术创新能力的因素主要集中于五个方面，即技术水平、知识吸收、研发模式、企业控制力和政策环境。非核心企业内部研发、内部管理、知识开发、先进设备引进和研发合作显著促进企业的技术创新能力提升，但其影响在创新能力发展的不同阶段存在差异（李艳华，2013）；非核心企业技术创新能力在知识吸收与创新网络竞争力之间起到中介作用（李慧巍，2013）；非核心企业技术创新能力发展和创新产品竞争力提升可以通过产学研合作，充分发挥企业所在创新网络中的高校和科研机构的作用，加快科技成果转化（刘炜等，2012）；创新网络中的非核心企业在技术创新过程中还应注意风险管理，特别是技术提升初期，在没有建立起竞争壁垒的情况下，非可见性管理可能会决定公司的生死存亡，同时，对知识产权的保护应该上升到公司的战略层次，以增强非核心企业整体技术创新竞争力；创新网络中的政策支持对非核心企业技术创新能力提升起到正向影响作用（洪勇、苏敬勤，2009）。

从理论上看，非核心企业技术创新能力成长的基本轨迹是从仿制能力到创造性模仿能力，再到自主创新能力①，成功实现这种创新行为转换的企业也就从非核心企业发展成为核心企业。作为非核心企业，当企业的要素禀赋优势不显著和创新能力比较低时，合作创新行为模式占主导地位；当企业的要素素质达到一定水平之后，企业的创新能力和外部环境的变迁决定企业必须改变技术创新方式，选择自主创新增强企业的核心竞争能力②。随着市场、技术和制度环境的演化，非核心企业的协同创新能力将得到显著增强。非核心企业创新能力历经仿制、创造性模仿、自主创新和协同创新的过程，也是非核心企业技术创新能力构成要素持续积累、创新能力阶梯平台螺旋递进上升的过程。通过理论分析可知，在协同创新网络中影响非核心企业技术创新行为演化的关键因素主要是技术水平、知识吸收、研发模式、企业控制力与政策环境。

（二）指标体系

结合理论分析，参照一般意义上的企业技术创新能力评价指标体系，构建了非核心企业技术创新能力评价指标体系（见表4-1）。这个指标体系相对突出了企业技术创新在创新网络中的地位，即通过企业不同指标上的比较，区划出核心企业、非核心企业的技术创新特点。因为，就创新本身而言，无论何种类型的企业，其技术创新能力评价的一般内容没有本质差别，但是通过综合性指标的比较，特别是与所在行业总体平均水平的比较，可以在一定程度上揭示出不同类型的企业技术创新特点。

表4-1　非核心企业技术创新能力评价指标

指标	内容	说明
技术水平	高新技术产品增长率	（2014年高技术产品产值-2013年高技术产品产值）/2014年高技术产品产值
	研发经费增长率	（2014年研发经费-2013年研发经费）/2014年研发经费
	优势产品的技术水平	国际领先、国际先进、国内领先、国内先进

---

① 藏晨. 企业创新能力和技术创新能力的相关性研究 [J]. 技术进步与对策, 2009（6）：102-105.

② 何建洪，贺昌政. 企业创新能力创新战略对创新绩效的影响研究 [J]. 软科学, 2012（6）：113-117.

续表

指标	内容	说明
知识吸收	研发人员所占比例	研发人员数/职工总数
	拥有领军型技术人员	有或无领军型技术人员
研发模式	设立研发机构	是或否设立研发机构
	产品开发方式	自主研发、委托高校、委托科研院所、与高校科研单位联合开发到技术产权交易市场购买、其他
	技术来源	自主研发、国内引进、国外引进、其他
企业控制力	有效专利数	国内专利、国外国际专利
	发明专利数	实用新型专利、外观设计专利、其他专利
	行业标准数	国际标准、国家标准、地方标准、行业标准
政策环境	财政支持	专项资金、其他
	其他优惠政策	高技术企业所得税优惠、研发费用税前加计扣除、企业研发设备加速折旧技术合同认定登记税收优惠、企业享受的其他政策

(三) 问卷分析

1. 数据来源与样本基本信息

本书数据来源于《沈阳经济发展状况大调研（高新技术产业）调查问卷》，共调查了1379家高新技术企业，其中规模以上企业1056家，规模以下243家。参与调查的企业来自沈阳各区及周边县市。调查内容主要包括企业所属行业、从事的技术领域、2013年和2014年基本经济数据、产品数量、优势产品数量、优势产品技术水平、资金来源、市级以上财政支持、经营所面临的问题，及研发机构、技术来源、产品开发方式、有效专利、享受的优惠政策、技术领军人才、研发人员、瓶颈问题及需要得到的服务等。调查数据显示，设立研发机构的规模以上企业数量占样本总数的27%，规模以下企业占10%，总体设立研发机构的企业仅占总样本的37%，不到半数。其中，仅有2%的国有企业设立研发机构。规模以上企业有效专利数量占比远远高于规模以下企业，私营企业有效专利、行业以上标准数量远远高于国有企业。拥有高技术企业认定的企业中大部分为规模以上或私营企业（见表4-2至表4-5）。

表 4-2　样本规模分布情况

指标	国有企业	集体企业	私营企业	港澳台商投资企业	外商投资企业	其他
规模以上企业数（家）	2	6	822	51	115	60
规模以下企业数（家）	30	3	175	1	12	22
合计（家）	32	9	997	52	127	82
占比（%）	2	1	72	4	9	6

表 4-3　样本高技术企业分布情况

指标	国有企业	集体企业	私营企业	港澳台商投资企业	外商投资企业	其他
高技术企业数（家）	19	1	150	9	21	31
非高技术企业数（家）	13	8	847	43	106	51
合计（家）	32	9	997	52	127	82
占比（%）	2	1	72	4	9	6

表 4-4　样本高技术产品分布情况

指标	国有企业	集体企业	私营企业	港澳台商投资企业	外商投资企业	其他
有高技术产品企业数（家）	23	2	373	16	38	50
无高技术产品企业数（家）	9	7	624	36	89	32
合计（家）	32	9	997	52	127	82
占比（%）	2	1	72	4	9	6

表 4-5　样本产业分布情况　　　　　　　　　　单位：家

指标	先进装备制造业	节能环保产业	新能源产业	汽车产业	航空航天	电子信息	现代农业	医药制造业	新材料产业	高技术服务业	其他技术领域
规模以上企业数	189	51	43	61	8	44	49	32	93	15	604
规模以下企业数	48	24	6	9	7	35	12	7	9	22	85
合计	237	75	49	70	15	79	61	39	102	37	689

由于核心企业相对于非核心企业具有技术水平高、知识吸收能力强、主要采取自主研发模式、企业控制力强与受到政府政策支持等特点，所以本书选取技术水平、知识吸收、研发模式、企业控制力与政策环境五项指标占比均高于样本平均值的企业定义为核心企业，剩余企业定义为非核心企业。经筛选，研究样本的1379家企业中符合条件的核心企业有11家，占比0.8%，非核心企业1368家，占比92%。数据显示，核心企业均属于私营企业，无国有企业，可见目前沈阳高技术产业国有企业虽然规模很大，但仍属于生产型企业、非技术型企业，核心企业主要分布在先进制造业、现代农业、医药制造业、新材料与其他技术领域，非核心企业存在高技术产业各行业中（见表4-6、表4-7）。

表4-6　经济类型分布占比情况　　　　　　　　　单位:%

	样本总数（家）	国有企业	集体企业	私营企业	港澳台商投资企业	外商投资企业	其他
非核心企业	1368	2	1	72	4	9	6
核心企业	11	0	0	64	9	0	18

表4-7　产业分布占比情况　　　　　　　　　单位:%

	先进装备制造业	节能环保产业	新能源产业	汽车产业	航空航天	电子信息	现代农业	医药制造业	新材料产业	高技术服务业	其他技术领域
非核心企业	17	5	4	5	1	6	4	3	7	3	50
核心企业	45	0	0	0	0	0	9	9	18	0	18

2. 核心企业与非核心企业的技术创新能力比较

（1）技术水平。非核心企业在技术投入、创新产出和总体技术水平等方面均与核心企业存在很大差距。由于受到近年来经济发展周期影响，非核心企业技术投资水平较低，处于负增长区间，而作为重要创新产出的高技术产品增长速度2014年较上年下降了11%，而核心企业的上述两个指标保持着增长势头（见表4-8）。

表4-8　技术投入与产出情况　　　　　　　　单位:%

指标	高新技术产品增长率	研发经费增长率
非核心企业	-11	-5
核心企业	4	4

91%的核心企业拥有优势产品，大多数核心企业优势产品技术水平处于国际先进与国内领先水平，而仅有54%的非核心企业拥有优势产品，技术水平多数处于国内领先与先进水平（见表4-9）。

表4-9　优势产品与优势产品的技术水平情况　　　　单位:%

指标	优势产品所占比例	优势产品技术水平			
		国际领先	国际先进	国内领先	国内先进
非核心企业	54	4	9	31	56
核心企业	91	9	21	60	10

（2）知识吸收。由于企业规模相对较小，仅有少数非核心企业拥有研发人员，非核心企业研发人员所占比例仅为9%，拥有国内领军型技术人员比例为13%，引进国内外技术专家的企业仅占14%。而核心企业具有大量的研发人员，64%的核心企业均引进国内外专家，拥有100%的领军型技术人员。在股权激励方面，核心企业占比大于非核心企业，股权激励政策为核心企业聚集高端人才、积累知识和提高知识吸收能力创造了条件（见表4-10）。

表4-10　技术创新人力资本投入情况　　　　　单位:%

指标	研发人员所占比例	国内领军型技术人员	进行股权激励	引进国内外技术专家
非核心企业	9	13	5.4	14
核心企业	38	100	9.1	64

（3）研发模式。核心企业自主研发能力远远高于非核心企业。所有核心企业均设立研发机构，而仅有不到半数的非核心企业设立研发机构。其中，核心企业技术来源主要是自主研发和国外引进，非核心企业技术来源主要有三种方式，即自主研发、国内引进和其他，并且其他所占比例为26%，可知，由于不同非核心企业配套不同的核心企业，因此，与核心企业

相比在技术来源上存在较大差异（见表4-11）。

表4-11 技术来源占比情况　　　　　　　　单位:%

指标	设立研发机构所占比例	技术来源			
		自主研发	国内引进	国外引进	其他
非核心企业	36	36	26	2	26
核心企业	100	40	60	0	0

核心企业产品开发方式主要采取自主研发和与高校科研单位联合开发方式，不采用技术购买和委托开发方式；非核心企业也很重视自主研发，但是其研发模式更加多样化（见表4-12）。

表4-12 产品开发方式占比情况　　　　　　　　单位:%

指标	自主研发	委托高校	委托科研院所	与高校科研单位联合开发	到技术产权交易市场购买	其他
非核心企业	53	2	4	10	6	25
核心企业	58	0	0	37	0	5

（4）企业控制力。专利分布情况数据显示，在专利水平分布上核心企业与非核心企业存在很大差异（见表4-13）。所有核心企业都拥有有效专利，而且拥有的都是国外专利，其中发明专利所占比重接近90%。相比较，非核心企业拥有有效专利仅为33%，92%的专利为国内专利，发明专利仅占其拥有专利的25%。这些结果意味着，非核心企业的技术受控性非常大，短时间内难以实现技术追赶和赶超，在本地的高技术产业创新网络中居于从属地位。

表4-13 专利分布占比情况　　　　　　　　单位:%

指标	有效专利所占比例	专利分布						
		国内专利	国外国际专利	合计	发明专利	实用新型专利	外观设计专利	其他专利
非核心企业	33	92	8	100	25	46	13	16
核心企业	100	0	100	100	86	6	3	4

所有核心企业均有行业以上标准，而仅 28% 的非核心企业有行业以上标准，但是非核心企业中国际标准占比 9%，核心企业无国际标准。核心企业的行业标准主要是地方与国家级别，而大量的非核心企业行业标准占据国际、国际、地方和行业各级别。这表明，非核心企业并未在核心企业占有的领域与之直接竞争，相反，通过"走出去"的技术路线而另辟蹊径（见表 4-14）。

表 4-14　形成行业以上标准占比情况　　　　　　　　　　单位：%

指标	行业以上标准所占比例	标准水平			
		国际	国家	地方	行业
非核心企业	28	9	29	19	43
核心企业	100	0	50	0	50

（5）政策环境。非核心企业获得财政支持的比例仅为 24%，远远低于核心企业（91%）；获得专项资金支持的非核心企业所占比例，也远远低于核心企业（见表 4-15）。在享受优惠政策方面，非核心企业与核心企业没有太大的差别，高技术企业所得税优惠、企业享受的其他政策是企业获得优惠政策的两种主要途径（见表 4-16）。

表 4-15　获得市级以上财政支持占比情况　　　　　　　　单位：%

指标	获得财政支持所占比例	资金来源	
		专项资金	其他
非核心企业	24	16	84
核心企业	91	58	42

表 4-16　享受优惠政策占比情况　　　　　　　　　　　单位：%

指标	高技术企业所得税优惠	企业研发设备加速折旧	技术合同认定登记税收优惠	企业享受的其他政策
非核心企业	40	7	7	25
核心企业	57	0	7	14

（四）主要结论

在借鉴已有研究成果基础上，本书构建了一个非核心企业技术创新能力评价指标体系，这些指标包括技术水平、知识吸收、研发模式、企业控制力和政策环境。根据这些指标是否高于行业平均水平，我们对沈阳市高新技术产业创新网络中的非核心企业进行了识别，并结合问卷调查，分析了非核心企业技术创新行为的一般特点。调查发现，尽管非核心企业在技术创新能力的各个指标上，均与核心企业存在很大差距，但是非核心企业已经开始通过国外专利申请、国际行业标准制定等方式，塑造其内生的技术能力，这将为沈阳市高新技术产业创新网络的升级和竞争力的提升创造条件。具体是：在优势产品的技术水平上，非核心企业"国内领先"和"国内先进"合计高达87%，远高于核心企业的70%，这意味着，在非核心企业所在行业内，其优势产品竞争力借助于较高的技术水平，有可能实现技术的升级。在专利和标准两个重要指标方面，非核心企业的"国际化"路线比较明显。

进一步深化非核心企业技术创新能力演化机理方面的探索，将是一个非常有意义的研究。以往研究关注的重点是核心企业，认为核心企业是产业创新网络中的主导力量，但是，无论从产品价值链、企业价值链、产业价值链，还是从创新价值链看，非核心企业的参与不仅是各种价值链完整性、产业上下游协调性的内在要求，也是核心企业主导的产业创新网络生成、发展和有持续竞争力的关键。核心企业与非核心企业在产业创新网络中位置的变化或主导权更迭，一方面表现为非核心企业成长为核心企业的过程，另一方面体现为原有核心企业逐渐被某些有潜力的非核心企业替代的过程，这种企业位置的变化，诱导和推动着产业转型升级。

二、非核心企业技术创新能力评价——因子分析

（一）指标体系构建

由于创新网络中非核心企业技术创新能力类型、选择指标的原则与要求、评价目的、影响因素等存在差异，会形成不同的指标分类体系。考虑到目前还没有一个被广泛认可的评价指标体系，因此，本书根据上文关于

创新网络中非核心企业技术创新能力影响因素和发展趋势的分析，参考其他学者对技术创新能力评价指标筛选的方法[①]，同时根据《沈阳经济发展状况大调研（高新技术产业）调查问卷》中可获得的数据，在借鉴企业技术创新能力评价指标体系的基础上，设计并提出"5要素评价指标网络"。本书共选取5个一级指标，即X_1技术水平、X_2知识吸收、X_3研发模式、X_4知识专有性与X_5网络环境；17个二级指标，即q_1研发经费增长率、q_2高技术产品增长率、q_3优势产品技术水平、q_4研发人员所占比例、q_5拥有领军型技术人员、q_6引进国内外专家人数、q_7是否设立研发机构、q_8开发水平、q_9技术来源、q_{10}有效专利总数、q_{11}专利水平、q_{12}行业以上标准总数、q_{13}标准水平、q_{14}财政支持、q_{15}优惠政策、q_{16}经营环境、q_{17}创新环境（见表4-17）。

表4-17 创新网络中非核心企业技术创新能力评价指标体系

一级指标	二级指标
X_1技术水平	q_1研发经费增长率
	q_2高技术产品增长率
	q_3优势产品技术水平
X_2知识吸收	q_4研发人员所占比例
	q_5拥有领军型技术人员
	q_6引进国内外专家人数
	q_7是否设立研发机构
X_3研发模式	q_8开发水平
	q_9技术来源
X_4知识专有性	q_{10}有效专利总数
	q_{11}专利水平
	q_{12}行业以上标准总数
	q_{13}标准水平

---

① 范柏乃，单世涛，陆长生. 城市技术创新能力评价指标筛选方法研究［J］. 科学学研究，2002（12）：663-669.

一级指标	二级指标
X$_5$网络环境	q$_{14}$财政支持
	q$_{15}$优惠政策
	q$_{16}$经营环境
	q$_{17}$创新环境

（二）非核心企业技术创新能力水平分析

因子分析是一种体现"降维"思想的多元统计分析方法。大多数研究鲜有只取一个解释变量来解释某一问题，因为，一个变量所提供的信息量是有限的，因此，多数研究选取多变量解释方法，变量越多，信息量越大，研究越充分，但是与此同时，变异性也越大。根据因子得分函数模型，可以计算出非核心企业技术创新能力的综合值及排序，其中，综合因子$F \geqslant 1$的非核心企业有 22 家，占比 2%，综合因子$0 \leqslant F < 1$的非核心企业有 612 家，占比 45%，综合因子$F < 0$的非核心企业有 734 家，占比 54%（见表 4-18），表明目前沈阳高技术产业中非核心企业技术创新能力综合水平较低，98%的非核心企业技术创新能力均须大幅度提高。

表 4-18　非核心企业技术创新能力综合因子得分

企业数量（家）	综合因子 F	占比（%）
22	$F \geqslant 1$	2
612	$0 \leqslant F < 1$	45
734	$F < 0$	54

并且，通过对不同技术创新能力水平下的各因子得分均值分析可知，在非核心企业技术创新能力处于不同阶段时，各影响因子对其影响程度有所差异。表 4-19 显示可知，随着技术创新能力的提高，研发模式、知识专有性、知识吸收、技术水平、经营环境因子得分呈现上升趋势；财政政策、创新环境因子呈现下降趋势。表明，当非核心企业技术创新能力发展到较高水平时，对其影响程度较大的因子是财政政策与创新环境；当非核心企业技术创新能力发展到较低水平时，对其影响程度较大的因子是技术水平

和经营环境。

表 4-19　不同技术创新能力水平下的各因子得分均值情况

因子 1 研发模式	因子 2 知识专有性	因子 3 知识吸收	因子 4 财政政策	因子 5 技术水平	因子 6 经营环境	因子 7 创新环境	综合因子 F
−0.0419	−0.1227	−0.5325	0.1963	0.0227	0.1479	4.2656	$F \geq 1$
0.0329	0.0217	0.1306	0.1055	0.3880	0.3969	0.2224	$0 \leq F < 1$
0.0327	0.0473	0.2134	0.0895	0.5098	0.4942	−0.6119	$F < 0$

（三）非核心企业技术创新能力影响因素分析

由于本书的数据主要来源于《沈阳经济发展状况大调研（高新技术产业）调查问卷》，收集到的部分数据为有序分类数据，由简单的线性回归得到的结果不充分，而用逻辑回归分析会损失有序与分类数据的相关信息。因此，本书采用最优尺度回归分析，对研究样本的五大影响因素及其各个指标反复迭代以找到最佳方程式[①]。因此，采用最优尺度回归分析非核心企业技术创新能力不同水平下，各影响因素指标对技术创新能力的影响程度。分别对非核心企业技术创新能力综合因子 $F \geq 1$、$0 \leq F < 1$、$F < 0$ 中影响因素指标进行最优尺回归分析。

通过对非核心企业技术创新能力影响因素分析可知，当技术创新能力水平较高时，技术水平、知识吸收、研发模式、网络环境均对其产生正向影响，其中网络环境影响程度最大，知识专有性对其产生负向影响；在技术创新能力处于中间水平时，所有因素均对其产生正向影响，但是影响系数普遍小于技术创新能力较高水平时，表明此阶段的非核心企业中促进技术创新能力提高的各种因素均不完善或不具备提高技术创新能力的条件；在技术创新能力处于最低水平时，各影响因素系数相比其他两个阶段，数值非常小，表明此阶段的非核心企业几乎没有进行技术创新能力的条件或设施。总之，随着非核心企业技术创新能力的提高，各因素对其影响程度随之增强（见表 4-20）。

---

① 张文彤. IBM SPSS 数据分析与挖掘实战案例精粹 [M]. 北京：清华大学出版社，2013.

表 4-20　非核心企业不同技术创新能力水平影响因素系数

影响因素	系数		
	$F \geq 1$	$0 \leq F < 1$	$F < 0$
技术水平	0.1698	0.0248	0.0159
知识吸收	0.1406	0.0532	0.0144
研发模式	0.2115	0.0372	0.0085
知识专有性	-0.0300	0.0350	-0.1095
网络环境	0.2398	0.1124	0.0763

（四）非核心企业技术创新能力成长趋势分析

通过对 1368 家创新网络中非核心企业技术创新能力水平的分析可知，目前非核心企业技术创新能力整体处于中低水平。但是 1368 家非核心企业技术创新能力未来发展趋势如何、处于哪个阶段仍需进一步探讨。因此，本书运用二元 Logistic 回归进一步对创新网络中非核心企业技术创新能力进行分析。假设处于技术创新能力综合值相对较高的前 684 家非核心企业技术创新能力处于高水平（$Y=1$），剩余 684 家非核心企业技术创新能力相对处于低水平（$Y=0$），利用 1368 家非核心企业样本数据的 5 个关键因子中包含的 17 个影响非核心企业技术创新能力的主要指标，拟合 Logistic 回归模型。

1. 非核心企业技术创新能力成长趋势分析

数据显示，1368 家非核心企业中，615 家非核心企业未来技术创新能力将成长，占总样本的 45%，753 家非核心企业技术创新能力将不会成长，占总样本的 55%。表明沈阳高技术产业中的近半数非核心企业未来技术创新能力将会提高，处于第二阶段，即逆向式创新阶段，发展趋势良好，615 家非核心企业技术创新能力将处于第一阶段，即适应式创新，没有发展成为核心企业的可能（见表 4-21）。

表 4-21　非核心企业技术创新能力预测值 P 分布情况

指标	数量（家）	占比（%）	成长阶段
$P > 0.5$	615	45	逆向式创新
$P < 0.5$	753	55	适应式创新

2. 非核心企业技术创新能力成长分布分析

"技术创新能力成长"组的非核心企业中有 205 家企业是高技术企业，占比 33%，非高技术企业 410 家，占比 67%；328 家企业具有高技术产品，占比 53%，287 家企业无高技术产品，占比 47%；规模以上企业有 468 家，占比 76%，规模以下企业有 147 家，占比 24%。通过数据显示可知，规模以上生产高技术产品的非核心企业技术创新能力成长的可能性更大。"技术创新能力未成长"组中规模以上企业有 657 家，占比 87%；而高技术企业为 45 家，占比 6%；有高技术产品的企业有 206 家，占比 27%。表明大型生产型企业即便规模很大，但无高技术产品研发能力，只能为核心企业提供代工或生产服务，很难发展成为核心企业（见表 4-22、表 4-23）。

表 4-22　非核心企业技术创新能力基本分布情况 1　　　单位：家

指标	高技术企业	非高技术企业	有高技术产品	无高技术产品	规模以上	规模以下
$P>0.5$	205	410	328	287	468	147
$P<0.5$	45	708	206	547	657	96

表 4-23　非核心企业技术创新能力基本分布情况 2　　　单位：%

指标	高技术企业	非高技术企业	有高技术产品	无高技术产品	规模以上	规模以下
$P>0.5$	33	67	53	47	76	24
$P<0.5$	6	94	27	73	87	13

"技术创新能力成长"组的非核心企业中国有企业有 19 家，占比 3%；私营企业有 410 家，占比 73%；外商投资企业有 67 家，占比 12%。"技术创新能力未成长"组中国有企业有 13 家，占比 2%；私营企业有 580 家，占比 80%；外商投资企业有 60 家，占比 8%。表明目前沈阳高技术产业中，有过半国有企业技术创新能力将成长，集体企业仍属于生产型企业，而大量的私营企业和外商投资企业技术创新能力未来将快速成长（见表 4-24、表 4-25）。

表4-24 非核心企业技术创新能力按经济类型分布情况1　　单位：家

指标	国有企业	集体企业	私营企业	港澳台商投资企业	外商投资企业	其他
$P>0.5$	19	2	410	23	67	44
$P<0.5$	13	7	580	28	60	36

表4-25 非核心企业技术创新能力按经济类型分布情况2　　单位:%

指标	国有企业	集体企业	私营企业	港澳台商投资企业	外商投资企业	其他	合计
$P>0.5$	3	0	73	4	12	8	100
$P<0.5$	2	1	80	4	8	5	100

"技术创新能力成长"组的非核心企业中先进装备制造业、新材料产业、其他技术领域三大产业占比较高，而"技术创新能力未成长"组中主要是其他技术领域的企业。表明目前沈阳高技术产业中的非核心企业仍以先进装备制造业、新材料、其他技术领域为主要产业，其他高技术产业仍处于低级阶段（见表4-26、表4-27）。

表4-26 非核心企业技术创新能力按产业分布情况1　　单位：家

指标	先进装备制造业	节能环保产业	新能源产业	汽车产业	航空航天	电子信息	现代农业	医药制造业	新材料产业	高技术服务业	其他技术领域
$P>0.5$	148	37	32	36	8	51	27	25	70	27	206
$P<0.5$	84	38	17	34	7	28	33	13	30	10	481

表4-27 非核心企业技术创新能力按产业分布情况2　　单位:%

指标	先进装备制造业	节能环保产业	新能源产业	汽车产业	航空航天	电子信息	现代农业	医药制造业	新材料产业	高技术服务业	其他技术领域	合计
$P>0.5$	22	6	5	5	1	8	4	4	10	4	31	100
$P<0.5$	11	5	2	4	1	4	4	2	4	1	62	100

3. 非核心企业技术创新能力成长阶段分析

预测值 $P>0.5$ 的非核心企业定义为逆向式成长阶段，在该阶段的企业有615家。其中，符合高技术企业、有高技术产品、规模以上的企业共128

家，这128家非核心企业处于逆向式创新阶段的前半段，其中，国有企业占1%，私营企业占65%，港澳台商投资企业占6%，外商投资企业占13%，其他占15%，私营企业占比最大。换言之，这128家非核心企业未来将最快进入第三阶段，即集群式创新，发展成为核心企业（见表4-28、表4-29）。

表4-28　逆向式成长阶段按经济类型分布1　　　　　单位：家

指标	条件	国有企业	集体企业	私营企业	港澳台商投资企业	外商投资企业	其他
优	高技术企业 有高技术产品 规模以上	1	0	83	8	17	19
良	其他	18	2	327	15	50	25

表4-29　逆向式成长阶段按经济类型分布2　　　　　单位：%

指标	条件	国有企业	集体企业	私营企业	港澳台商投资企业	外商投资企业	其他	合计
优	高技术企业 有高技术产品 规模以上	1	0	65	6	13	15	100
良	其他	4	0	75	3.5	11.5	6	100

另外，在逆向创新阶段的前半段，企业主要分布在先进装备制造业和电子信息产业，数据表明沈阳先进装备制造业和电子信息产业中非核心企业未来技术创新能力将快速发展，进入第三阶段，即集群式创新（见表4-30、表4-31）。

表4-30　逆向式成长阶段按产业分布情况1　　　　　单位：家

指标	条件	先进装备制造业	节能环保产业	新能源产业	汽车产业	航空航天	电子信息	现代农业	医药制造业	新材料产业	高技术服务业	其他技术领域
优	高技术企业 有高技术产品 规模以上	58	11	10	8	1	19	1	15	25	7	16
良	其他	90	26	22	28	7	32	26	10	45	20	190

表 4-31　逆向式成长阶段按产业分布情况 2　　　单位:%

指标	条件	先进装备制造业	节能环保产业	新能源产业	汽车产业	航空航天	电子信息	现代农业	医药制造业	新材料产业	高技术服务业	其他技术领域	合计
优	高技术企业 有高技术产品 规模以上	34	6	6	5	0.5	11	0.5	9	15	4	9	100
良	其他	18	5	4.5	6	1.5	6.5	5	2	9	4	38.5	100

预测值 $P<0.5$ 的非核心企业定义为适应式创新阶段,该阶段的企业有 753 家。其中,符合高技术企业、有高技术产品、规模以上的企业共 8 家,这 8 家非核心企业处于适应式创新阶段的前半段,其中,国有企业占 12.5%,私营企业占 75%,其他占 12.5%,私营企业仍然占比最大。换言之,这 8 家非核心企业未来将最快进入第二阶段,即逆向创新阶段(见表 4-32、表 4-33)。

表 4-32　适应式成长阶段按经济类型分布 1　　　单位:家

指标	条件	国有企业	集体企业	私营企业	港澳台商投资企业	外商投资企业	其他
优	高技术企业 有高技术产品 规模以上	1	0	6	0	0	1
良	其他	12	7	574	28	60	35

表 4-33　适应式成长阶段按经济类型分布 2　　　单位:%

指标	条件	国有企业	集体企业	私营企业	港澳台商投资企业	外商投资企业	其他	合计
优	高技术企业 有高技术产品 规模以上	12.5	0	75	0	0	12.5	100
良	其他	2	1	80	4	8	5	100

另外,在适应式创新阶段的前半段,企业主要分布在三大产业中,分别为先进装备制造业、电子信息产业和医药制造业。通过对逆向式创新和

适应式创新阶段的非核心企业分析表明，未来沈阳先进装备制造业和电子信息产业中的非核心企业技术能力将成长，这两大产业中的非核心企业最具发展潜力，即最有可能发展成为核心企业（见表4-34、表4-35）。

表4-34　适应式成长阶段按产业分布情况1　　　　　单位：家

指标	条件	先进装备制造业	节能环保产业	新能源产业	汽车产业	航空航天	电子信息	现代农业	医药制造业	新材料产业	高技术服务业	其他技术领域
优	高技术企业 有高技术产品 规模以上	2	0	0	0	0	2	1	2	1	0	2
良	其他	82	38	17	34	7	26	32	11	29	10	479

表4-35　适应式成长阶段按产业分布情况2　　　　　单位:%

指标	条件	先进装备制造业	节能环保产业	新能源产业	汽车产业	航空航天	电子信息	现代农业	医药制造业	新材料产业	高技术服务业	其他技术领域	合计
优	高技术企业 有高技术产品 规模以上	20	0	0	0	0	20	10	20	10	0	20	100
良	其他	11	5	2	4.5	1	3	4	1.5	4	1	63	100

（五）主要结论

（1）影响创新网络中非核心企业技术创新能力有五大因素。通过对国内外关于创新网络、核心企业与非核心企业研究的相关文献梳理，同时根据《沈阳经济发展状况大调研（高新技术产业）调查问卷》中核心企业与非核心企业技术创新能力可获得数据，本书提出影响创新网络中的非核心企业技术创新能力的五大因素，即技术水平、知识吸收、研发模式、知识专有性与网络环境。这五个因素对非核心企业技术创新能力的影响有正、负两个方面，同时，在非核心企业技术创新能力水平不同阶段，各影响因素对其影响程度也存在差异，通过数据分析显示，随着非核心企业技术创新能力的提升，影响因素对其影响系数增大。因此，加强非核心企业技术水平、知识吸收、研发模式、知识专有性与网络环境五个方面，才能够有效提高创新网络中非核心企业技术创新能力，使非核心企业在创新网络中的位置从边缘向核心发展，即从非核心企业发展成为核心企业。

（2）创新网络中非核心企业技术创新能力整体处于中低级水平。通过对《沈阳经济发展状况大调研（高新技术产业）调查问卷》中的 1368 家非核心企业技术创新能力进行主成分分析可知，技术创新能力处于较高阶段的非核心企业仅有 22 家，占比 2%；技术创新能力处于中间阶段的非核心企业有 612 家，占比 45%；技术创新能力处于低级阶段的非核心企业有 734 家，占比 54%。创新网络中的非核心企业技术创新能力整体处于中低级水平，仅有 2% 的非核心企业技术创新水平相对较高，换言之，1368 家非核心企业中仅有 22 家未来具有发展成为核心企业的可能，98% 的非核心企业若不提高其技术创新能力，仍将长期为核心企业提供配套或代工服务，受控于创新网络中的核心企业。

（3）创新网络中非核心企业技术创新能力成长趋势良好。通过对《沈阳经济发展状况大调研（高新技术产业）调查问卷》中的 1379 家高新技术企业调查数据分析可知，高技术企业主要分为核心企业与非核心企业两大类，其中核心企业仅有 11 家，其余 1368 家企业均属于非核心企业，因此，对于非核心企业技术创新能力的研究具有十分重要的理论及现实意义。研究表明，在创新网络中存在大量的非核心企业，非核心企业技术创新能力远远低于核心企业。非核心企业技术创新能力成长分为三个阶段：适应式创新、逆向式创新、集群式创新。目前，非核心企业技术创新能力主要处于适应式与逆向式创新阶段，同时，还将适应式创新和逆向式创新阶段分别分为优、良两种情况，在逆向式创新前半段的非核心企业主要为私营企业，分布在先进装备制造业、汽车产业、电子信息产业中，这些非核心企业技术创新能力成长的下一阶段即为集群式创新，换言之，即将发展成为核心企业。在适应式创新阶段前半段的非核心企业也主要为私营企业，分布在先进装备制造业、电子信息产业、现代农业、新材料产业中，可见沈阳先进装备制造业的非核心企业未来技术创新能力将快速成长，具有发展成为核心企业的巨大潜力。

三、非核心企业反向知识溢出——动力学分析

（一）仿真模型构建

创新生态系统的创新活动的参与主体和影响因素非常复杂，为了聚焦于非核心企业反向知识溢出的研究，对整个系统模型进行了简化处理。本书确定创新生态系统中的创新主体仅包括核心企业与非核心企业，创新主体间的知识转移方式分为正向知识溢出和反向知识溢出两种，并通过构建系统动力学模型对企业间知识溢出机制进行仿真模拟。系统动力学模型具体分析在系统设定的仿真周期内，核心企业、非核心企业以及创新生态系统之间的知识存量演变趋势，并通过调整可控变量开放程度的赋值，观察创新开放程度对两个创新主体知识生产以及相互之间知识溢出的影响。在对比分析核心企业知识存量和非核心企业知识存量演变趋势的基础上，探寻非核心企业是否存在挣脱核心企业控制的阈值点并确定该特殊点的位置，具体的设计思路如下：首先，为系统动力学模型的正常运行设定前提假设；其次，基于已有理论基础绘制变量间因果关系图；最后，设定体现变量间关系的方程及相关参数。

1. 相关假设

H1：创新生态系统中核心企业与非核心企业的知识来源分为内部研发和外部吸收两种，而且已有知识均面临着市场的淘汰，最终会反映于创新主体知识存量中。

H2：正向知识溢出与核心企业和非核心企业的知识位势相关，但两者之间的知识势差对知识溢出产生边际效应递减的影响，当知识势差达到一定阈值时知识溢出行为将终止。

H3：核心企业知识自主创新的动力是对创新生态系统不断强化的控制欲望，而非核心企业知识自主创新的动力是摆脱核心企业的控制。

H4：非核心企业的知识来源一方面是通过知识4R行为对来自核心企业的知识进行二次创新；另一方面是自主创新，而且非核心企业与核心企业的知识存量是完全一致的。

H5：正向知识溢出和反向知识溢出都会增加创新生态系统的知识共享量，该指标越大意味着非核心企业知识4R能力越强。

为此，可以建立如图 4-1 所示的因果关系来表示创新生态系统中创新主体间的知识创新和知识溢出行为。

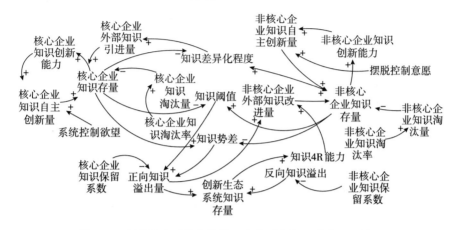

图 4-1 创新生态系统中非核心企业反向知识溢出因果关系

2. 主要变量设定

根据系统动力学模型设定，主要包括描述外部环境的常量、充当中介桥梁的辅助变量、随着系统时间推移的状态变量以及影响状态变量的速率变量（见表 4-36）。其中，系统动力学中的状态变量和速率变量最能反映模型演变特征，是模型最为重要的两类变量，具体的变量说明如表 4-36 所示。核心企业、非核心企业以及两者所处的创新生态系统均受到知识老化的影响，其本质是社会整体技术进步而导致一部分知识被淘汰。创新生态系统本身并不是创新主体，只是知识在溢出的过程中难免留存于系统中，因而创新生态系统不生产知识但可以存储和传播知识。

表 4-36 系统主要变量设计

变量类型	变量代码	变量名称	变量说明
流位	HXZSCL	核心企业知识存量	与核心企业知识自主创新量、外部知识引进量以及核心企业知识淘汰量有关
	FHXZSCL	非核心企业知识存量	与非核心企业知识自主创新量、非核心企业外部知识改进量以及非核心企业知识淘汰量有关
	JQZSCL	创新生态系统知识存量	与正向知识溢出量、反向知识溢出量以及创新生态系统知识淘汰量有关

变量类型	变量代码	变量名称	变量说明
流率	HXZSCXL	核心企业知识自主创新量	与核心企业对创新生态系统控制欲望和自身知识创新能力有关
	HXZSYJL	核心企业外部知识引进量	与反向知识溢出量和知识差异化程度相关
	HXZSTTL	核心企业知识淘汰量	与核心企业知识淘汰率和核心企业知识存量有关
	FHXZSCXL	非核心企业知识自主创新量	与非核心企业摆脱控制意愿、非核心企业创新能力以及自身知识存量有关
	FHXZSGJL	非核心企业外部知识改进量	与来自核心企业的知识溢出和自身4R能力有关
	FHXZSTTL	非核心企业知识淘汰量	与自身知识存量和非核心企业知识淘汰率有关
	ZXZSYCL	正向知识溢出量	与核心企业知识存量和知识保留系数有关
	FXZSYCL	反向知识溢出量	与非核心企业知识存量和知识保留系数有关
	JQZSTTL	创新生态系统知识淘汰量	与创新生态系统知识存量及其知识淘汰率有关

3. 系统动力学方程及参数设定

系统动力学方程的设定是系统建模的重要环节，方程主要描述模型中的变量关系。由于变量关系通常能左右仿真模型的最终演变趋势，因而在建立变量关系时需紧密联系经典理论和实际情况。本书设定的方程及相关参数，均立足于高引用频率的文献和笔者所在研究团队前期累积的实地调研经验，具体的设计内容如下：

（1）HXZSCL＝INTEG（HXZSCXL＋HXZSYJL－HXZSTTL，10），设定核心企业知识存量的初始值为10。

1）HXZSCXL＝HXZSCL×核心企业知识创新能力×集群网络控制欲望。

2）核心企业知识创新能力＝WITH LOOK UP（HXZSCL，（[（0，0）－（200，1）]，（0，0.05），（5，0.1），（15，0.15），（30，0.2）（50，0.3），（80，0.35），（100，0.4），（200，0.4）））；创新能力与企业知识存量、创新要素投入有关，为简化模拟系统，核心企业知识创新能力采用表函数来表述，创新能力的成长趋势与核心企业知识存量有关。

3) 系统控制欲望 = WITH LOOK UP(TIME, ([(0, 0)-(100, 1)], (0, 0.1), (10, 0.12), (30, 0.2), (50, 0.25), (70, 0.28), (80, 0.3), (100, 0.3)))；采用与时间有关的表函数表征核心企业对集群网络控制欲望的变化情况。

4) HXZSYJL = 反向知识溢出量×知识差异化程度。

5) HXZSTTL = STEP 核心企业知识淘汰率×核心企业知识存量，一部分核心企业的知识与外界知识创新方向背离，使一部分知识老化，本书将知识淘汰的过程用阶跃函数进行模拟。

(2) FHXZSCL = INTEG(FHXZSCXL+FHXZSGJL-FHXZSTTL，设定非核心企业知识存量的初始值为1。

1) FHXZSCXL = 摆脱控制意愿×非核心企业创新能力×FHXZSCL。

2) 摆脱控制意愿 = WITH LOOK UP(TIME, ([(0, 0)-(100, 0.6)], (0, 0), (10, 0.1), (20, 0.3), (30, 0.4), (40, 0.45), (80, 0.5), (90, 0.53), (100, 0.6)))，采用与时间有关的表函数表征非核心企业企图摆脱核心企业控制的诉求变化。

3) 非核心企业创新能力 = WITH LOOK UP(FHXZSCL, ([(0, 0) - (200, 0.4)], (0, 0.05), (5, 0.1), (15, 0.15), (30, 0.2), (50, 0.3), (80, 0.35), (100, 0.4), (200, 0.4)))；知识存量是创新主体创新能力的重要参考依据，因而本书认为非核心企业与核心企业一样，将创新能力设定为一个与知识存量变化相关的表函数。

4) FHXZSGJL = ZXZSYCL×知识4R能力。

5) FHXZSTTL = STEP 非核心企业知识存量×非核心企业知识淘汰率，非核心企业的知识淘汰过程同核心企业相同，用阶跃函数表示。

(3) JQZSCL = INTEG 反向知识溢出量+正向知识溢出量-集群网络知识淘汰量，0)，集群网络的知识积累开始于核心企业与非核心企业建立开放式知识创新之时，因而设定初始值为0。

1) ZXZSYCL = DELAY1IIF THEN ELSE 知识阈值<0.95，知识位势×核心企业知识共享系数，从发起者核心企业开始，经过知识发送、扩散和吸收等一系列过程，会发生时间上的延迟，因而用1阶延迟函数来模拟正向知识溢出量变化。

2) FXZSYCL = DELAY1I 非核心企业知识共享系数×非核心企业知识存量，非核心企业作为反向知识溢出的发起者，同样在知识溢出过程中会产生延迟现象，同样是使用 1 阶延迟函数来模拟。

3）JQZSTTL＝JQZSCL×集群网络知识淘汰率。

4）知识 4R 能力＝WITH LOOK UP（JQZSCL，（[（0，0）-（200，1）]，（0，0.05），（5，0.1），（15，0.15），（30，0.2），（50，0.28），（80，0.35），（100，0.4），（200，0.7）））；知识 4R 能力是非核心企业基于外部知识的再创新能力，因而将知识 4R 能力成长趋势用与集群网络知识存量有关的表函数进行表述。

5）知识阈值＝FHXZSCL／HXZSCL，知识势差＝HXZSCL-FHXZSCL。

（二）系统仿真与分析

1. 系统流图

本书采用仿真工具 Vensim PLE 对系统动力学模型进行运算，设定模型运算的时间跨度为 60（Month）。在聚焦研究目标并考虑运算程序的可行性的基础上，对开放式创新视域下创新生态系统内部知识溢出的因果关系进行了简化和总结，进一步得出系统流图（见图 4-2）。

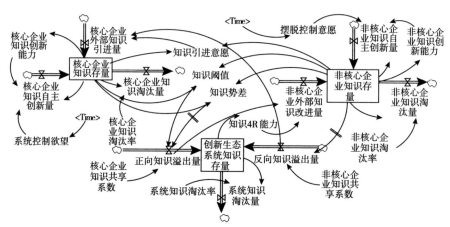

图 4-2　创新生态系统中非核心企业反向知识溢出的系统流图

2. 模型有效性检验

系统动力学模型在投入解决现实问题之前，需要进行有效性检验。有效性检验的作用是观察模型与现实状况之间的拟合程度，即模型能否反映出拟研究对象的发展特征和规律。只有通过有效性检验时，基于模型的分析结果才具有了解决现实问题的意义。由于采用了抽象化的仿真系统来模拟反向知识溢出过程，进行实证检验的数据获取难度太大，因而着重采用理论检验的方法分析模型的一致性、有效性和适应性。通过运行 Vensim PLE 的相关程序，得到初步的仿真模拟结果（见图4-3）。

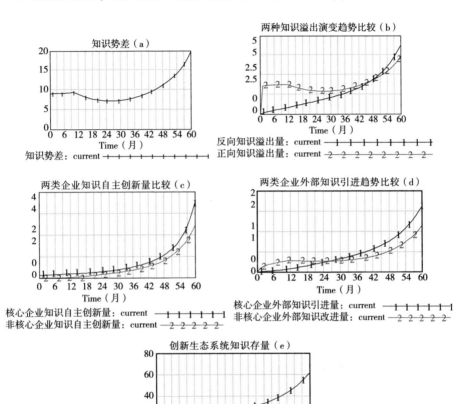

图4-3　有效性检验结果

由图4-3（a）可以看出，非核心企业与核心企业之间的知识差距呈现出"先增加后减少再增加"的总体趋势。这是因为在初始阶段，非核心企业刚刚嵌入创新生态系统，对来自核心企业的正向知识溢出需要一个学习、吸收和整合的过程，而此时的核心企业已具备成熟的知识创新能力，从而导致两个主体之间的知识总量差距扩大；随着非核心企业的自主创新能力不断提升，同时对正向知识溢出进行的知识 4R 行为使非核心企业知识存量加速累积，逐步缩短了与核心企业之间的知识差距；当非核心企业的知识存量提升到一定水平之后，开始逐步由知识溢出的接受方转变为发出方，即反向知识溢出效应越来越显著。此时，作为反向知识溢出接受方的核心企业开始大幅提升知识存量，依靠代替性学习的优势再次拉开与非核心企业在知识存量上的差距，进一步巩固了核心企业在创新生态系统中的核心地位。

由图 4-3（b）可以看出，反向知识溢出逐步赶超了正向知识溢出，成为创新生态系统中主要的知识转移方式。核心企业为招募创新生态系统成员，通过向系统进行正向知识溢出来吸引非核心企业加入，体现在系统第 1 个月开始大幅提升正向知识溢出。由于核心企业存在核心竞争力保护机制，一旦非核心企业的知识存量达到某个阈值点，核心企业将刻意缩减知识溢出以保证知识存量优势。一旦知识位势差距再次拉大，核心企业将放宽保护机制再次促进正向知识溢出的大幅提升；事实上，非核心企业在创新生态系统中有大量的同质性竞争对手，对核心企业进行反向知识溢出换取稳固的网络位置是生存的唯一途径，因而非核心企业不断强化反向知识溢出，并最终在系统第 49 个月反超正向知识溢出量。

由图 4-3（c）可以看出，核心企业与非核心企业的知识自主创新量都呈现逐步增长的趋势，但核心企业始终在自主创新方面领先非核心企业。考虑到核心企业对创新生态系统的控制力本质上是一种知识权力，而且构建核心知识体系或轨道主要依靠自主创新，因而核心企业不断强化知识自主创新较为符合核心企业的角色设定。反观非核心企业，虽然基于正向知识溢出的 4R 行为是知识的主要来源，但是不排除一些逐步壮大的非核心企业有挣脱核心企业控制并取而代之的意愿。这时，非核心企业唯有通过颠覆式的自主创新脱离核心企业技术轨道才有取代核心企业的可能。因此，非核心企业不断强化自主知识创新的行为也较为符合某些非核心企业"后来者居上"的实际情况，例如，支付宝之于 Paypal 以及阿里巴巴之于亚马逊。

由图 4-3（d）可以看出，成长初期的非核心企业对外部知识较为依赖，而随着非核心企业的不断成长，逐步成为核心企业不可代替的外部知识获取渠道。非核心企业在最初加入由核心企业控制的创新生态系统时知识存量与核心企业差距较大，为快速适应创新协作环境，需加强对外部知识的 4R 行为。因此，这段时间的非核心企业对外部知识的引进量大幅度提升。随着非核心企业知识存量不断提升，核心企业启动核心竞争力保护机制抑制正向知识溢出，进而导致非核心企业在一段时间内（12~42个月）的外部知识改进创新量未有显著提升。在这个阶段中，核心企业却对非核心企业反向知识溢出的依赖性越来越强，在系统发展中第一次超过正向知识溢出，成为最重要的知识转移方式。核心企业通过引进反向知识溢出以及进行自主创新两种途径再次拉大了与非核心企业之间的知识差距，保护机制的暂时中止使非核心企业从第42个月开始大量引进外部知识（正向知识溢出）。

由图4-3（e）可以看出，创新生态系统的知识存量总体呈增长趋势，但具有"先提速后放缓再提速"的特点。集群网络由核心企业组建，从最初的零知识存量开始，由核心企业向集群网络进行知识溢出，使知识存量快速提升；在随后的一段时间，由于核心企业与非核心企业知识差距缩小，核心企业的正向知识溢出减少，于是减缓了知识存量的增长；随着非核心企业的发展壮大，反向知识溢出量大幅增长，遂导致集群网络知识总量再次呈现高速增长。

核心企业知识存量与非核心企业知识存量的演变过程可以用两者的知识势差更好地表示，因而没有单列出来分析。从以上几个变量的仿真结果来看，这些规律比较符合实际现象，说明模型能够有效刻画创新生态系统中核心企业与非核心企业之间知识溢出的动态演变过程，可为接下来研究变量影响系统模型提供有价值的参考信息。

3. 灵敏度分析

灵敏度分析是有效性分析的后续环节，通过调整参数取值或模型结构的方式来观察模型输出图像的前后变化。通过灵敏度分析得出某变量或指标对整体系统的影响程度，以此作为指导实际工作的决策依据。本书通过调整创新开放程度、政策引导偏好以及非核心企业创新要素分配，对模型进行多个指标的灵敏度分析。

（1）调整创新开放程度。核心企业与非核心企业的知识共享系数越大，意味着两者所处的创新生态系统的创新开放程度越高。为了深入探析不同企业调整创新开放程度对创新生态系统带来的影响，需设定两个对比方案：保持核心企业知识共享系数不变，增加非核心企业知识共享系数为0.32，得到方案1；保持非核心企业知识共享系数不变，增加核心企业知识共享系数为0.32，得到方案2。仿真结果如图4-4所示。

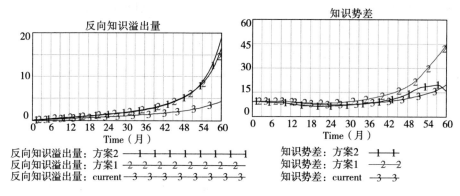

图 4-4　创新开放程度灵敏度检验

从图 4-4（左）可以看出，增加两者的知识共享系数都有利于激发非核心企业的反向知识溢出，而核心企业提升知识共享系数的作用比非核心企业更加明显，说明非核心企业对核心企业的知识轨道有严重的依赖性。从图 4-4（右）可以看出，无论是提升核心企业还是非核心企业的知识共享系数，在短期内都增加了知识势差，而非核心企业提升知识共享系数的敏感度明显比核心企业要大。随着系统时间的推移，方案 2 在第 57 个月时知识势差开始呈现缩减态势，说明高知识共享系数的核心企业会面临知识总量被非核心企业赶超的风险。

可以得出结论，系统动力学模型对创新生态系统的创新开放程度有着较高的敏感度。由于知识共享系数过高会丧失企业的核心竞争力，核心企业与非核心企业对提升知识共享系数持博弈式观望态度。基于此，应该发挥政府的主导和协调作用，完善创新生态系统的内部组织结构，建立更加科学、有效、规范的利益分配机制，促进核心企业与非核心企业互补性知识的高效融合，有利于进一步提升两者间创新合作的信任感和默契感。对于核心企业而言，宜将知识共享系数控制在合理范围，以避免知识势差大幅缩减而危及创新生态系统的核心位置。

（2）调整政策引导偏好。熊彼特曾强调，"大企业已经成为经济进步的最有力的发动机，尤其已成为总产量长期扩张最有力的发动机"。从熊彼特崇尚垄断企业对创新的巨大作用的时代过渡到推广开放式创新范式的今天，核心企业是否仍为产业、地区乃至国家最重要的创新主体，至少目前的一些案例正在颠覆过往人们对非核心企业擅长模仿、投机的刻板印象。举国体制作为社会主义制度的独特优势，其政策引导应偏好核心企业还是非核心企业对整体创新绩效意义重大。政策引导偏好通常会导致人才、资金和技术的集聚，使非核心企业或核心企业知识创新能力的成长曲线坡度更高。为了探析系统模型对国家政策引导偏好的灵敏度，设定两个对比方案：保持核心企业知识创新能力的成长曲线不变，提升非核心企业知识创新能力的成长曲线坡度为 WITH LOOK UP（FHXZSCL，（[[（0,0)-（200,1)]，（0,0.05)，（5,0.12)，（15,0.19)，（30,0.26)，（50,0.4)，（80,0.48)，（100,0.52)，（200,0.7)))，得到方案3；保持非核心企业知识创新能力的成长曲线不变，提升核心企业知识创新能力的成长曲线坡度为 WITH LOOK UP（HXZSCL，（[[（0,0)-（200,1)]，（0,0.05)，（5,0.12)，（15,0.19)，（30,0.26)，（50,0.4)，（80,0.48)，（100,0.52)，（200,0.7)))，得到方案4。仿真结果如图 4-5 所示。

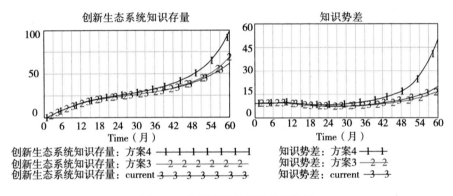

图 4-5　政策引导偏好灵敏度检验

从图 4-5（左）中可以看出，通过调整国家政策支持对象提升核心企业或非核心企业的知识创新能力，对整个创新生态系统的知识存量演变趋势并未产生明显变化，均符合客观规律。但是政策引导偏好核心企业比非核心企业具有更高的敏感度，能以更快的速度提升整个创新生态系统的知识存量。从图 4-5（右）中可以看出，方案调整对整个知识势差演变趋势影响较大。具体表现在，增加核心企业知识创新能力加快了两者之间知识势差的扩大，而增加非核心企业的知识创新能力则减缓了两者之间知识势差的扩大。

可以得出结论，政策引导偏好对整个创新生态系统发展影响重大。从创新生态系统的视角出发，依然应该发挥核心企业在创新活动中的辐射带动作用，特别是在一些高技术附加值的产业中。从非核心企业的视角出发，通过提升自主知识创新能力缩减与核心企业的知识势差，是实现赶超甚至取代核心企业的唯一路径。否则，一味强调基于核心企业正向知识溢出的4R 行为，将会陷入"技术路径锁定"的困境，最终导致与核心企业的知识差距被不断拉大。

（3）调整非核心企业创新要素分配。创新生态系统中的非核心企业一方面依附于核心企业的知识轨道，另一方面为避免技术轨道锁定需进行自主创新，非核心企业的创新资源对两种途径的偏好将影响企业未来发展。因而，在非核心企业创新资源的约束条件下，探析不同创新资源分配机制对非核心企业创新发展以及反向知识溢出的影响是极为必要的。非核心企业的创新资源分配机制有两种，一种是集资源于外部知识获取，另一种是集资源于自主创新。基于两种创新资源分配机制，设定两种方案：保持非核心企业自主知识创新能力成长曲线不变，提升非核心企业知识 4R 能力成长曲线的坡度为 WITH LOOK UP（JQZSCL,（[（0,0）-（200,1）]，（0,0.05），（5,0.12），（15,0.19），（30,0.26），（50,0.4），（80,0.48），（100,0.52），（200,0.7）））），得到方案5；保持非核心企业外部知识 4R 能力成长曲线不变，提升非核心企业自主知识创新能力成长曲线坡度为 WITH LOOK UP（FHXZSCL,（[（0,0）-（200,1）]，（0,0.05），（5,0.12），（15,0.19），（30,0.26），（50,0.4），（80,0.48），（100,0.52），（200,0.7）））），得到方案6。仿真结果如图4-6 所示。

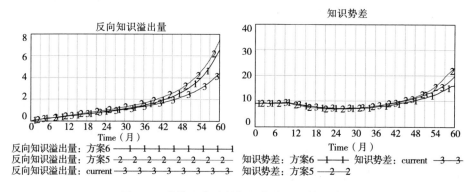

图4-6　非核心企业创新要素分配灵敏度检验

从图4-6（左）中可以看出，不论是强化非核心企业的知识创新能力还是知识 4R 能力，都对增加非核心企业反向知识溢出量具有积极作用，且反向知识溢出量均呈指数级增长趋势。非核心企业强化知识 4R 能力比强化知识创新能力更有利于激发反向知识溢出，因而非核心企业知识 4R 能力具有更高的敏感度。从图 4-6（右）中可以看出，如果非核心企业强化基于外部知识的 4R 能力，将被核心企业加速拉开知识差距；而如果强化内部知识的自主创新能力，将减缓被核心企业拉开知识差距的势头。

可以得出结论，非核心企业将有限的创新资源用于沿着核心企业知识轨道的二次创新，比强化自主知识创新更有利于促进反向知识溢出。这似乎从某种角度印证了一种创新生态系统协作发展模式的可行性：系统内核心企业引导颠覆式创新，而非核心企业基于核心企业知识轨道面向市场需求进行渐进式创新，从而共同促进创新生态系统演变。如果不考虑技术创新风险性和不确定性的话，非核心企业不论是通过强化知识创新能力还是知识 4R 能力都难以超越核心企业的知识存量，但仍可通过将知识资源集中于自主创新通过强化知识创新能力减缓与核心企业知识差距扩大的趋势。

4. 系统演化的普适性规律及多情景拓展

通过上文仿真模拟的结果来看，唯有核心企业主动终止核心竞争力保护机制，非核心企业才有逐渐缩短并赶超核心企业的机会。处在核心企业控制能力约束下的非核心企业，即便自主知识创新能力再强也不可能赶超核心企业。换言之，非核心企业的反向知识溢出行为并不意味着非核心企业在创新能力方面的赶超，也不意味着非核心企业具备取代核心企业位置的水平，该行为的发生仅说明非核心企业处在一个不断接近核心企业的追赶阶段。而且，非核心企业反向知识溢出的贡献更多地体现在自我成长和进步的同时，促进了核心企业知识创新能力的提高。即便忽略反向知识溢出对核心企业创新方面的助益，作为公共知识池的创新生态系统受反向知识溢出的影响，其知识边界被不断拓展的同时也带来系统整体创新绩效的改善。即使创新生态系统中的核心企业"不思进取"，非核心企业的自主创新及其部分反向知识溢出仍可维持系统知识循环的动态平衡。

然而，核心企业与非核心企业之间复杂的竞合关系是根据实际情景动态变化的，前文所构建的系统动力学模型不足以模拟多种情景下的创新生态系统。根据核心企业发展战略的不同可分为两种类型：一种是通过强化知识更新迭代和选择性披露等手段不断强化对系统的控制地位，此类核心企业即为竞争型核心企业；另一种是考虑风险、成本等制约因素而采取被动、保守发展战略，其发展重点是垄断核心技术并尽量控制知识漏出，而非寻找市场利基和突破知识轨道依赖，此类核心企业即为防守型核心企业。同样，作为创新生态系统中的另外一种创新主体，非核心企业也存在两种类型：一种是得益于所在系统收益共享机制而安于现状的非核心企业。该类非核心企业希望被核心企业控制，在创新合作过程中换取既得利益和稳固的网络位置，这种对网络权力争夺意愿不强的企业即为寻求庇佑型非核心企业。另一种非核心企业则不满足于被支配的现状，通过取代原有核心企业位置或脱离原来系统等途径建立以自身为核心的创新生态系统，此类非核心企业即为主动进攻型非核心企业。不同类型的核心企业与非核心企业交叉形成四种网络情景，如图4-7所示：防守型核心企业与寻求庇佑型非核心企业构成情景1；竞争型核心企业与寻求庇佑型非核心企业构成情景2；主动进攻型非核心企业与防守型核心企业构成情景3；主动进攻型非核心企业与竞争型核心企业构成情景4。

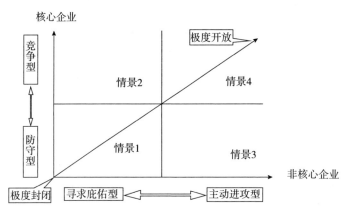

图4-7　不同类型企业之间组合的四种情景

5. 系统在不同情景下的分析与对比

通过前文系统模型的灵敏度分析，发现通过政府、商会等第三方组织可引导机制有效激发创新生态系统内部知识转移，促进系统创新绩效的整体水平提升。但是，第三方组织难以深入影响核心企业与非核心企业之间的博弈行为，对两者间位置交替影响作用不太显著。然而，一个具有活力的创新生态系统，势必需要一些原本实力较差的企业不断成长威胁原本实力强劲的企业，而实力强劲的企业不断强化竞争优势以避免被赶超的群体演变。因此，从反向知识溢出的角度研究创新生态系统的演变过程，仅考虑外部宏观政策的引导是不够的，需要分析核心企业与非核心企业的不同战略选择。前文构建的非核心企业反向知识溢出模型通过了有效性和灵敏度检验，说明可较为准确地模拟现实创新生态系统知识溢出行为。在此基础上，笔者与研究团队内多位教授与博士研究生讨论完善系统模型，决定增加创新成功率、知识黏性、核心企业知识吸收能力等影响因素，以便于更完美地拟合四种不同的现实情景，修正后的系统流图如图 4-8 所示。

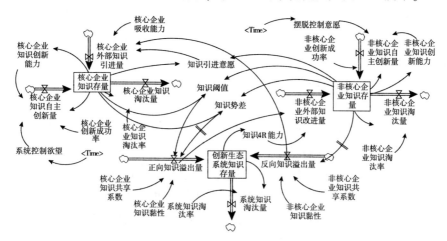

图 4-8　基于细分情景下的非核心企业反向知识溢出系统流图

在情景 1 中，核心企业采取防守型策略，而非核心企业采取寻求庇佑型策略。非核心企业满足于由核心企业"安排"的网络位置，摆脱核心企业控制的主观意愿不强，因而设定非核心企业有较高的知识共享系数和较低摆脱控制的意愿。防守型核心企业为避免创新风险和战略失误，对创新生态系统的控制欲望也较低。此情境下的非核心企业反向知识溢出增长速度缓慢，且与核心企业之间知识总量差距不大。考虑到这种类型的核心企业对颠覆式创新缺乏兴趣，一定程度上导致非核心企业的外部新知识来源匮乏，进而导致 4R 行为受到抑制。

在情景 2 中，核心企业采取竞争型策略，而非核心企业采取寻求庇佑型策略。与情景 1 相比，最明显的变化是核心企业从防守型变为竞争型。该类型核心企业强调核心竞争力的保护和系统控制力的进一步提升，具体表现在：通过设置隐性知识转移困境和专有资产投入风险提升知识黏性；强化对外部知识的吸收能力和自主创新的成功率；对创新生态系统的控制欲望进一步提升。从图 4-9 可以看出，这种情景最适合反向知识溢出行为的发生，但非核心企业非常容易被核心企业拉开知识差距，这意味着合作关系不稳定且容易被创新能力更强的非核心企业所取代。

在情景3中，核心企业采取防守型策略，而非核心企业采取主动进攻型策略。此情境下的非核心企业不满足于所处的网络位置，积极寻求摆脱核心企业控制的机会。与情景1相比，最明显的变化是非核心企业从寻求庇佑型变为主动进攻型。该类型非核心企业开始强化自身核心竞争力的保护而且发展战略上开始瞄准核心企业位置，具体表现在：非核心企业下调知识共享系数以减少知识泄露；非核心企业摆脱核心企业控制的意愿增强。模拟结果显示这种情景最不利于反向知识溢出的发生，而且系统的第54个月成为非核心企业赶超核心企业的临界点，此后非核心企业成为控制创新生态系统的新核心企业。

在情景4中，核心企业采取竞争型策略，而非核心企业采取主动进攻型策略。与情景2相比，最明显的变化是非核心企业从寻求庇佑型变为主动进攻型。因而基于情景2中核心企业的行为设定，非核心企业的发展战略转变为与核心企业争夺系统控制权，具体表现在：非核心企业强化知识黏性，增加核心企业学习的困难程度；非核心企业降低知识共享系数，减少向核心企业进行反向知识溢出；非核心企业具有强烈的摆脱核心企业控制的意愿。模拟结果显示，该情景较为适合反向知识溢出行为，知识势差随系统时间持续增大但增速一般，整体趋势与情景2相仿。这说明，如果核心企业采取竞争型策略，不论非核心企业是寻求庇佑型还是主动进攻型都无法威胁到核心企业的核心地位。

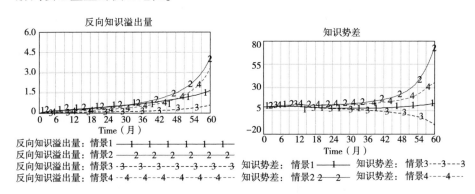

图4-9　多情景下仿真模拟结果比较

四、非核心企业知识增长效应——系统仿真分析

(一) 系统边界及基本假设

1. 系统边界

系统动力学认为，内因决定系统行为，外因对系统行为往往起不到决定性作用。本系统主要由核心企业知识增长子系统和非核心企业知识增长子系统构成，且两个子系统之间的双元学习行为（利用式学习及探索式学习）共同受到创新组织结构稳定性影响，从而使两个子系统建立了紧密的联系（Benner and Tushman，2002；Jansen et al.，2006）。本书仅将知识作为核心企业与非核心企业之间交流的介质，又有知识势差是知识溢出的主要动力，因此，超过知识势差阈值的逆向知识流动不作为本书的研究内容。

2. 基本假设

H1：知识生产及传播过程受 IVC 结构影响，长链 IVC 结构需要更长的知识创新周期。

H2：非核心企业在初始阶段知识存量低于核心企业，并在未来较长一段时间内依附于核心企业。

H3：非核心企业的知识来源有探索式和利用式学习两种渠道，而核心企业的知识来源仅为探索式学习。

H4：知识的相似性越高，越有利于不同创新主体之间的吸收和学习。

H5：企业存在竞争保护机制，当知识势差低于一定阈值，优势企业将主动终止知识溢出。

(二) 因果关系图

不同类型的 IONE 的结构稳定程度不同，对组织内的核心企业和非核心企业的知识学习存在差异化影响。IONE 组织结构越稳定，越有利于核心企业与非核心企业之间建立信任关系，同时稳定的结构关系还将通过成熟的组织管理提升组织沟通效率。而且，组织结构过于稳定也将弱化创新主体之间的竞争强度。组织信任程度和组织沟通效率的提升将会进一步加强创新组织内部的知识共享程度，有利于非核心企业开展基于外部知识的利用式学习以及探索式学习。组织内信任程度的提升，有利于核心企业开展探

索式学习，尤其当核心企业意图变革现有知识轨道时，更容易得到非核心企业的支持，比如集聚创新资源、共担创新风险等。组织竞争程度的提升，其本质是核心企业与非核心企业之间技术和产品的同质化程度越来越高，一旦知识不再具备稀缺的属性，将加速被外部技术市场所淘汰（见图4-10）。

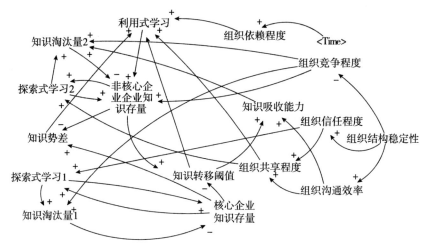

图4-10　因果关系图

（三）系统流图及方程参数设计

根据因果关系图构建了系统流图，共包括2个流位变量、5个流率变量、1个常量、5个辅助变量以及1个影子变量，系统周期设定为100（month），如图4-11所示。其中，流位变量为核心企业知识存量（HXZSCL）和非核心企业知识存量（FHXZSCL）；流率变量为利用式学习（LYSXX）、探索式学习1（TSSXX1）、探索式学习2（TSSXX2）、知识淘汰量1（ZSTTL1）、知识淘汰量2（ZSTTL2）；常量为组织结构稳定性（ZZJGWDX）；辅助变量为组织竞争程度（ZZJZCD）、组织沟通效率（ZZGTXL）、组织共享程度（ZZGXCD）、组织吸收能力（ZZXSNL）以及组织信任程度（ZZXRCD）；影子变量为组织依赖程度（ZZYLCD）。

1. 流位变量相关方程设定

（1）HXZSCL＝INTEG（TSSXX1−ZZTTL1，100）；

（2）FHXZSCL＝INTEG（ZZJZCD＋LYSXX＋TSSXX2−ZZTTL2，20），从常识来看，核心企业的初始知识存量应比非核心企业高，因此设定核心企

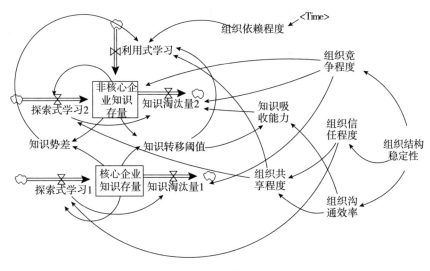

图 4-11 系统流图

业知识存量为 100，非核心企业知识存量为 20。

2. 流率变量相关方程设定

（1）LYSXX = DELAY1I（IFTHENELSE（ZSZYYZ < 0.9，0.6×ZZSC×ZZYLCD×ZZGXCD，0），2，0），采用一阶延迟函数来表达利用式学习获得的知识量，并利用知识转移阈值作为知识流动过程的阀门，延迟两个时间单位，从第 2 个月开始模拟。知识阈值是非核心企业的知识总量与核心企业的知识总量的比值。

（2）TSSXX2 = ZZGXCD×FHXZSCL，非核心企业的组织共享程度以及自身储存的知识量共同支撑了非核心企业探索式学习行为。

（3）ZSTTL2 = STEP（TSSXX2×ZSXSNL+ZZJZCD，10），非核心企业通过探索式学习获取的一部分知识将面临淘汰，而知识淘汰机制受外部创新组织影响，包括组织吸收能力和组织竞争程度。组织对知识的吸收能力越大，越容易淘汰掉过时或无用的知识。组织竞争程度越大，意味着知识的更新速度越快，这将倒逼企业加快对老旧知识的淘汰。

（4）TSSXX1 = 0.2×HXZSCL×ZZXRCD，核心企业主要的知识来源是探索式学习，没有创新组织对核心企业的高度信任，核心企业不仅将独自承担创新风险，而且缺乏非核心企业支撑的探索式学习也将困难重重。因此，核心企业探索式学习受到组织信任程度以及自身知识存量两方面影响。

（5）ZSTTL1 = STEP（（TSSXX1+ZZJZCD）×0.1,10），由于核心企业的主要知识来源是探索式学习，不涉及吸收能力，因而核心企业知识淘汰受到探索式学习知识增量和竞争程度的正向影响。

3. 常量方程及参数设定

ZZJGWDX = 0.5。不同创新组织类型将导致 IONE 结构稳定程度存在差异（低、中、高），且稳定性从低到高用数字"0~1"表示。为方便研究创新组织结构稳定程度对知识增长的影响，本模型将组织结构稳定程度的初始值设定为中等（0.5），下文将根据需求调整稳定性程度。

4. 辅助变量和影子变量

（1）ZZJZCD = 1-ZZJGWDX，组织结构稳定性越高，组织之间越趋于稳定，创新主体之间的竞争程度也越低；ZZXRCD = 0.8×ZZJGWDX，组织结构稳定性越高，组织间信任程度越高；ZZGTXL = 0.8×ZZJGWDX，组织结构稳定性越高，越有利于提升组织间沟通效率。

（2）ZZXSNL = ZSZYYZ×ZZGTXL，非核心企业重要的知识来源——利用式学习非常依赖吸收能力，而吸收能力不仅受到外部环境的沟通效率的影响，还受到知识之间相似度（由替换变量知识转移阈值表示）的影响。

（3）ZZYLCD = WITHLOOKUP（time，[（0,0）-（100,0.9）]，（0,0.4），（100,0.9）），采用表函数来模拟组织依赖程度随着时间推移的线性增长过程。

（四）模型仿真分析

1. 基准模型检验与分析

仿真模型得以深入应用的前提是通过基准模型的检验。将 IONE 结构稳定程度设定为中间值（0.5），并以单一 IVC 结构类型对基准模型进行检验，其验证结果如下：

（1）核心企业与非核心企业探索式学习。核心企业的知识来源仅有探索式学习，图 4-12 显示探索式创新前期知识增量较少后期增量较多，这与内生增长理论中探索式创新的指数式发展特征相一致。核心企业在创新系统中处于核心位置，承担铺设核心技术轨道和调整集群网络结构的责任，是非核心企业多样化生存和发展的重要资源载体。核心企业不断强化探索式学习，满足知识创新的颠覆性、核心性和基础性要求，才能维持系统中心位置。探索式学习前期有知识的整合、利用和试错等环节，核心企业经过 20 个月的缓慢学习后，开始迅速提升探索新知识的速度。非核心企业知识存量基础低于核心企业，同时进行探索式学习时，非核心企业知识存量始终处于核心企业知识存量之下，较长时间内没有实现超越。回顾上汽、海尔等知名企业发展路径可以发现，企业进行探索式学习自主创新时，从落后到并行的时间都超过十年，并且在同轨创新中很难实现超越，因此本书 100 个月内非核心企业难以超越核心企业的结果与现实情况相一致。

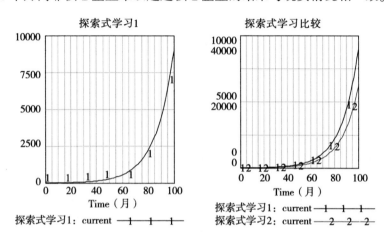

图4-12　探索式学习极限分析及核心与非核心企业对比

（2）非核心企业知识利用式学习与探索式学习。图 4-13 描述了非核心企业知识积累曲线，利用式学习与探索式学习两种知识来源的曲线走势差异较大。利用式学习在非核心企业发展的初期阶段即发挥了主要作用，曲线呈现快速上升，但到一定阈值后曲线从峰值开始下降，总体呈现出"倒 U 形"的发展趋势。探索式学习经历漫长、稳定的增长过程，第 40 个月以后，探索式学习逐步取代利用式学习成为非核心企业最主要的知识积累方式。本书模型分析的是单项知识，说明单项新技术的引进消化吸收产生的知识效应在 24 个月以后迅速削减，企业随后进行自主创新，大概在 40 个月后自主创新产生知识替代引进的知识，这与前期企业调研结果和学者研究的企业技术周期基本一致。非核心企业在两种学习方式中的交替变化，体现出非核心企业转型升级的本质，即创新模式从跟随的模仿创新型向探索开发的自主创新型的阶段化演进。

（3）利用式学习与探索式学习综合作用下知识存量。从图 4-14 的曲线

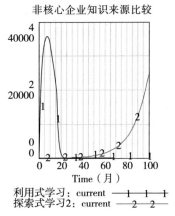

图4-13　非核心企业利用式学习与探索式学习效果对比

走势观测，在单一知识假设下，核心企业与非核心企业的知识总量均随着时间呈现几何级增长，但到一定周期后，由于非核心企业对于该知识的专注性研究及非核心企业组织结构优势实现了知识存量赶超，非核心企业逐步通过利用式学习嵌入集群网络，后逐步强化探索式学习不断增加知识累积速度，最终超过核心企业。这种情景符合本团队对南方科技型企业的实地走访的结论，即一些跟随型企业利用共享平台或集群网络中知识资源，采用替代性学习策略，通过降低知识创新成本和风险，逐步蚕食核心企业在集群网络中的知识控制力，最终实现知识存量的赶超。

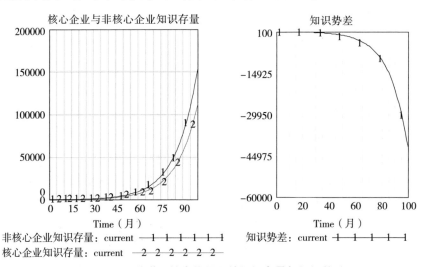

图4-14　两种学习综合作用下的知识存量与知识势差

（4）非核心企业知识吸收能力与核心企业知识转移阈值。图 4-15 显示吸收能力曲线随着时间推移增长率逐渐下降，呈现先快速增长后逐渐趋稳态势，曲线最终在接近 0.6 的位置趋近恒定。这与知识吸收能力的门槛限制研究基本一致，非核心企业在发展初期的目标是嵌入由核心企业组建的集群网络，获得稳定的网络位置获取创新资金。非核心企业从过渡时期到成熟时期，开始强化出以自我为中心的探索式学习，吸收能力不再作为企业最重要的知识创新方式，因而吸收能力在第 50 个月的时候开始趋于稳定。

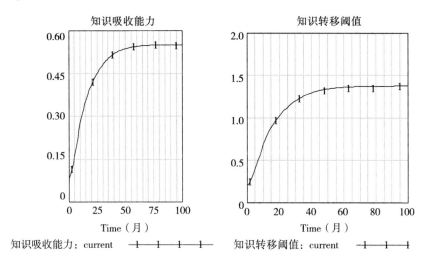

图 4-15　非核心企业知识吸收能力及核心企业知识转移阈值

知识转移曲线中，随着时间推移知识转移阈值快速提升，经过五年的快速提升之后出现平稳发展趋势。知识转移阈值在本书中有两方面含义，一是调节知识在不同创新主体之间转移的阀门，二是知识相似程度的替代变量。随着知识总量的比例提升，知识相似度提升反而有利于非核心企业的吸收能力提升，强化了非核心企业的利用式学习。当知识阈值超过一定数量时，将触发核心企业知识保护机制，瞬时停止知识溢出活动。

因此，上述基准模型检验显示出本书方案设定合理，与设计初衷相一致，模型边界设定合理，通过对知识学习极端情况仿真，仿真结果与现实中企业发展情况相吻合，一致性较好。

2. 非核心企业创新知识效果跨方案比较

根据理论分析结论，IONE 结构稳定性不同，组织结构稳定性排序为

"引领式>内化式>并列式"，选择不同 IVC 结构时由于创新难度不同，实现创新成果的时滞时间长短不同，表现为"长链结构>中链结构>短链结构"。在核心企业网络中，在不同 IONE 结构和 IVC 结构（双元结构）共同影响下创新效果如何，下文将对此进行具体分析。设定并列式、内化式、引领式的组织稳定性分别为 0.3、0.5、0.7，IVC 短链、中链、长链结构时滞期分别为 2 个月、6 个月、12 个月，具体方案如表 4-37 所示。

表 4-37   模拟方案分类

	IVC 短链结构	IVC 中链结构	IVC 长链结构
并列式创新	方案 1	方案 4	方案 7
内化式创新	方案 2	方案 5	方案 8
引领式创新	方案 3	方案 6	方案 9

（1）非核心企业利用式学习效果。从图 4-16 可以很清晰地看出不同创新的效果差异。在 IVC 短链结构中：引领式创新峰值最高，达到峰值时间最短，同时衰减最快，在 15 个月时趋近于 0，是短期见效的最佳模式；内化式创新反应速度略慢一些，但峰值最小，在 13 个月出现较为明显的拐点，

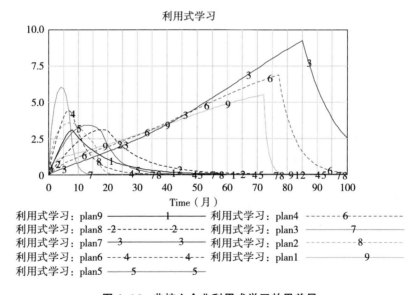

图 4-16   非核心企业利用式学习效果差异

随后加速下降，是短链创新中效果最差的模式；并列式创新反应速度最慢，到达峰值时长是引领式的 10 倍左右，呈现缓慢线性上升趋势，峰值略低于引领式创新，拐点经过高位后迅速衰落非常明显。在 IVC 中链结构中：引领式创新峰值略高于内化式创新，达到峰值时间最短，同时衰减依然最快；内化式创新结果与短链结构类似，效应最差，反应时间居中；并列式创新系统反应速度仍然最慢，到达峰值时间高达 80 个月，但知识累积效果最好。在 IVC 长链结构中：引领式创新峰值最小，时间周期依然最短；内化式创新峰值略高于引领式，时间周期更长；并列式创新反应时间在模拟的九种类型中最长，峰值最高，与中短链结构一样存在明显的拐点（见表 4-38）。

表 4-38　周期时间及峰值排序

	IVC 短链结构	IVC 中链结构	IVC 长链结构
并列式创新	72 个月（2）	7~8 个月（1）	85 个月（1）
内化式创新	7 个月（3）	14 个月（3）	20 个月（2）
引领式创新	5 个月（1）	7 个月（2）	8 个月（3）

　　模拟结果显示，在利用式学习中，IVC 结构对知识增量影响明显，IONE 结构影响曲线形状及周期。短链结构知识曲线峰值普遍高于同类型长链结构，在相同的知识溢出总量下，短链结构的知识吸收更好，产生明显的知识学习效果，而随着创新价值链结构延长学习效果下降。引领式创新在进行短链、中链、长链创新时，系统的组织结构稳定性保障了创新的稳定，因此三条曲线均无明显拐点。稳定的组织可以迅速地执行决策，但稳定结构意味着具有引领式创新模式系统的同时具有系统封闭性，在进行短链创新时峰值和知识优势最为明显，在中链结构中仅剩时间优势，长链结构中明显不足。内化式创新模式系统在组织稳定性上介于其他两种模式之间，各种表现中规中矩，表面上并无特色，但长链创新时峰值超过引领式，20 个月的峰值周期优于并列式的 40 个月时间，对于企业来说反应时间更短。虽然本书假设创新活动可以持续稳定，然而实际中的非核心企业往往受资金等问题困扰，这种折中方案也不失为一种恰当的选择。并列式创新模式系统在中长链创新上表现突出，但是在三种 IVC 结构下到达峰值周期都非常长。一方面并列式创新模式中组织结构相对松散，企业主动权更大，接触面更广，对持续增加知识存量具有好处；另一方面组织结构稳定性差

也使学习的效率低下，决策缓慢，对于非核心企业系统来说，这种创新模式对时间的要求无疑是最高的。相比前两组的倒 U 形曲线，这种接近于线性增长的在三年内看不到任何优势，即便其存在知识增长优势，在短期合作时也难以体现。在大型产业集群或者互联网经济条件下的广义系统内，虽然并列式模式的企业间合作难以长时间持续，但只要企业间合作的转换并未跳出系统边界，相当于在广义系统内持续的创新活动，这种广泛的企业间交流可以形成知识利用式学习的最大化效应。

（2）非核心企业探索式学习效果。图 4-17 显示在进行探索式学习时，创新效果仅与创新模式相关，与 IVC 结构无关。从图 4-17 中可以发现，在50 个月以后曲线开始分化，引领式创新呈现明显指数化曲线，内化式也呈现出微量指数化曲线，并列式无明显变化。图像结果与理论分析一致，在前期企业主要进行利用式学习，其后才进行探索式学习。图中九种方案的利用式学习集中在 30~50 个月的位置开始回归零点，引领式曲线回归零点最快，其曲线从零点起步最早；并列式系统周期最长，其离开零点时间最晚。

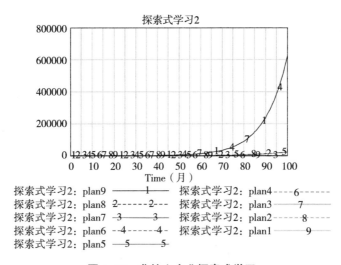

图 4-17 非核心企业探索式学习

与利用式创新明显不同，三种模式进行不同 IVC 结构创新时，曲线几乎完全重合，组织稳定性高的模式显现出明显优势。这意味着当创新难度达到一定高度以后，从系统内部关系看，企业的知识存量增长仅取决于IONE 结构稳定性，而与企业选择的 IVC 结构关系较小。从现有企业创新发展情况看，当企业知识存量到达一定高度以后，社会分工将进一步细化，一些企业专注于生产，另一些专注研发，不论是产品改进、技术改良还是知识探索都是比较难的，此时 IONE 引领式模式对顺轨创新保持创新的持续性、高效性最有利。而从整体发展环境上看，当创新发展越过利用式达到探索式以后，需要长期保持稳定的创新政策，对非核心企业的考验将是能否维持长达 50 个月以上的创新投资，考虑时间成本后非核心企业利润最大化策略未必是超越。因此，即便一些非核心企业的知识水平接近乃至超过核心企业，非核心企业仍选择原级锁定，例如，隐形冠军企业虽然占据技术优势，仍然选择为总装厂提供配件，而不是替代核心企业位置，也是这个原因。

（3）非核心企业知识存量与核心企业知识存量。对比图 4-18 不同非核心企业创新方案下非核心企业知识存量与相应的核心企业知识存量图可以发现，两个图像较为类似。非核心企业占据了利用式学习带来的后发优势，使企业曲线曲率更大，以致在一个较长的时间点知识存量超过核心企业，这与前文分析一致，不再赘述。具体知识势差如图 4-19 所示，在利用式学习为主的前 50 个月曲线几乎没有变化，在大概 60 个月以后组织稳定性越高的曲线知识势差变化越明显，随着非核心企业探索式学习程度逐步拉开差距。当非核心企业知识存量接近核心企业时，核心企业将采取相应制约措施，保障自身优势。而当非核心企业知识存量超过核心企业时，形成逆势差，产生反向知识流动，这超出了本书假设，不再进行分析。

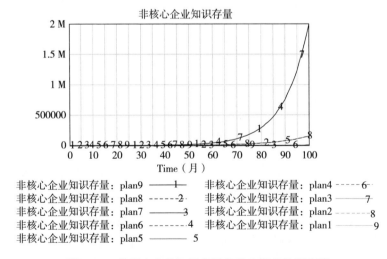

图 4-18 非核心企业知识存量与核心企业知识存量

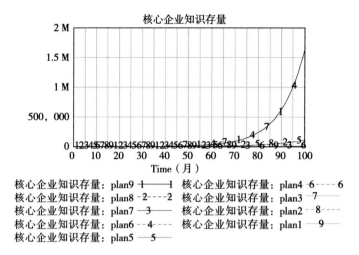

核心企业知识存量：plan9 —1——1   核心企业知识存量：plan4 -6----6
核心企业知识存量：plan8 -2---2   核心企业知识存量：plan3 —7—
核心企业知识存量：plan7 —3—   核心企业知识存量：plan2 --8---
核心企业知识存量：plan6 --4---   核心企业知识存量：plan1 —9—
核心企业知识存量：plan5 —5—

图 4-18　非核心企业知识存量与核心企业知识存量（续）

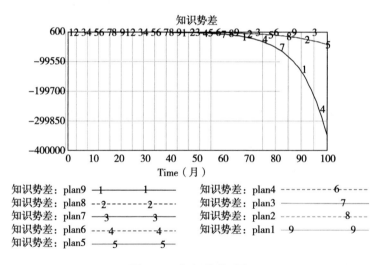

知识势差：plan9 —1————1—   知识势差：plan4 ----------6-----
知识势差：plan8 --2--------2----   知识势差：plan3 ————7—
知识势差：plan7 —3————3—   知识势差：plan2 ----------8-----
知识势差：plan6 ---4--------4----   知识势差：plan1 —9————9—
知识势差：plan5 —5————5—

图 4-19　知识势差对比

（4）非核心企业知识吸收能力与核心企业转移阈值。整体上看，图 4-20 显示引领式优于内化式、内化式优于并列式，知识吸收效果上短链优于中链、中链优于长链，同一模式曲线尾部趋同，整体曲线大体分成三个部分。非核心企业知识吸收能力与创新模式相关程度较高，组织稳定性越高的模式知识吸收能力越好。相同创新投入下，组织稳定性越高的模式组织内部相互忠诚度越高，创新效率越高。简单高效的企业组织可以提升创新效率，这也是非核心企业在与核心企业竞争时的重要优势。快速的信息流转也意味着更多的发展活力，更容易形成良好的创新系统，所以经济发展高速、创新生态系统优良的地区，例如，中国东南沿海地区，往往具有更多的发展良好的非核心企业。

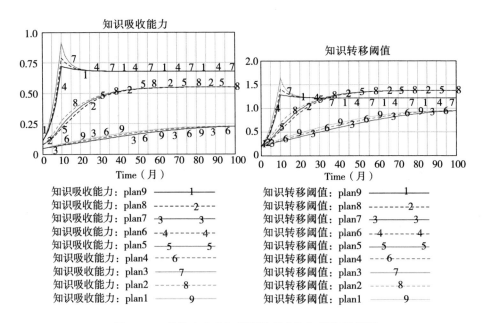

图4-20 非核心企业知识吸收能力和知识转移阈值

知识转移阈值图像与知识吸收能力整体趋势较相似，九条曲线均分为三类，每类之中也显现出短链优于中链、中链优于长链且尾部趋同的趋势，但是知识转移情况在30个月以后出现内化式高于引领式情形。30个月恰好是引领式系统进行利用时学习效果趋近于零的时间点，即在其后的探索式创新中，系统内的知识交流趋于稳定。在此模式中，中心企业与带领的企业始终处于独立主体位置，这对后期探索式学习的合作可能造成一定影响或者只有中心企业进行创新活动。内化式模式中具有关系超紧密的企业，这个企业可能在发展中融合到中心企业或者进行无阻碍沟通，在后期合作中该企业将积极配合中心企业，不会因为系统内部企业间屏障限制知识转移，从而形成了更高的阈值水平。因此，具有紧凑结构的系统模式知识转移更彻底，内化式中组织成员信任度更高，沟通门槛更低，组织内知识流动更加频繁，这也形成了在知识学习仿真中一直占据中间位置的内化式模式具有最高知识转移阈值的独特现象。起步期企业中存在一批家族式、夫妻式、父子式企业，这种企业间具有自然的紧密性组织，还有一些规模较大的企业更喜欢并购或者控股以加强企业间紧密程度，也正是这个原因。

3. 仿真模拟结论

非核心企业在不同 IONE 模式下进行短链、中链、长链创新产生不同的效果，利用式学习差异较大、学习周期相对较短，当知识势差达到一定阈值时，转为探索式学习，并呈现出按组织模式趋同的情况。在利用式学习过程中，不同组实验对比显示利用式学习曲线之间差距明显，引领式短链创新效果最好，并列式进行中长链创新效果更好但是周期过长，其不稳定的组织结构是否可以支撑长期创新合作是主要问题。当非核心企业知识存量增加到一定程度时，受核心企业控制知识转移程度影响，转而进行探索式学习。在探索式学习阶段，组织结构稳定性高的非核心企业更具发展优势，引领式最高效、内化式次之、并列式最差，相同 IONE 模式下不同方案的创新知识增量并没有太大区别，能否持续进行长期累积是决定知识增量的主要因素。非核心企业作为后发企业，利用组织结构效率优势，在一定条件下可以实现对核心企业知识存量赶超，但是完成赶超的时间相对较长，且手段主要依靠探索式学习。换言之，后发企业只进行利用式学习只能与先进企业保持相对距离，对先进企业的并行及赶超只有通过长期不懈地自主创新才能实现。

第五章

政策建议

面对东北振兴发展的新阶段要求，加快提高非核心企业技术创新能力，将有助于形成新的产业内生性动力。第一，实施"研究中心"行动计划。鼓励和引导非核心企业建立各种类型的研发机构，聚集创新人才，特别是通过引入领军型人才，强化知识创造、应用能力，为行业的"隐形冠军群"的孕育与生成，准备技术基础。第二，促进技术"国际化"水平。通过专项资金、搭建行业技术信息平台、鼓励国际专利申请和国际标准制定等形式，为非核心企业构建技术国际化路径提供政策环境。第三，整合和创新政策工具，将非核心企业获得"其他类型政策优惠"与财政专项资金等工具有效集成，加速非核心企业优势产品的技术升级。

一、改善非核心企业的创新管理机制

随着市场经济发展日益成熟，非核心企业在创新生态系统中的角色越来越重要，对增加地区就业机会、推动科技进步与技术创新、促进地方经济升级转型具有重要的现实意义。以浙江省为例，截至 2017 年底，工业类企业共有非核心企业 3.6 万家，所占比重高达 98%，且非核心企业成长活力巨大，"小升规"企业的工业增加值和税金总额分别较 2006 年增加了 13.3% 和 17.8%。而非核心企业的重要性绝非以上数据的简单体现，通过对一些占据核心地位的大型企业的调查访谈，发现许多非核心企业在产业和区域中占据难以替代的位置，核心企业在创新活动中接受来自非核心企业反向知识溢出的情况也越来越普遍。

笔者认为，地区经济发展需要政府和市场"两只手"实现帕累托最优，即考虑长远战略的政府政策引导以及市场微观单位（核心企业、非核心企业）的自我规划。但考虑到这些主体追求差异化的利益目标，因而管理侧重点也有所不同，以下将从政府、核心企业以及非核心企业三个视角进行讨论。

（一）政府科学利用政策工具引导创新生态系统演变

政府应建立基于协同创新理念的信任机制，减少因核心企业与非核心企业之间投机行为造成的知识保护，降低双方之间知识共享的风险与成本，促成双方知识共享的意愿达成。从仿真模拟结果得知，核心企业自主知识创新对创新生态系统知识存量的影响更大。鉴于核心企业在创新生态系统中通常进行基础性、原发性研究，而非核心企业一般在核心企业技术轨道上展开渐进性创新，因而政府应该通过政策支持核心企业进行前瞻性、引领性原创成果的重大突破，引导非核心企业将创新重点落在重大突破性技术的商业转化上。

（二）核心企业需完善知识溢出补偿机制

从整个创新生态系统发展的视角来思考，核心企业的知识共享系数越高越能形成创新集聚效应，但对核心企业而言意味着核心竞争力的丢失。因而，本着协同创新的发展思路，应该通过建立核心企业知识溢出补偿机制来弥补利益损失。通过补偿机制，一方面加大了核心企业向创新生态系统的正向知识溢出的力度，另一方面正向知识溢出总量的提升加速了非核心企业和创新要素向系统的汇聚，从而进一步强化创新要素集聚效应。

（三）非核心企业需强化自主创新机制

不论是知识自主创新还是基于外部知识的 4R 创新行为，非核心企业始终作为核心企业的跟随者且知识势差不断扩大。值得注意的是，非核心企业进行知识自主创新可以很大程度上减缓知识差距被拉大的趋势。而且，知识创新具有方向不确定性，非核心企业通过知识自主创新将大大提升突破核心企业知识轨道约束的概率，从而成为新一代技术革命的发起者。而这个独特机会窗口的发生，或许可以解释在创新生态系统中非核心企业与核心企业发生位置交换的现象。

二、加大核心企业与非核心企业之间的知识转移力度

（一）增加核心企业与非核心企业间的知识转移方法

增加技术创新网络中非核心企业与核心企业间知识转移效果的方法众多。技术创新网络中核心企业与非核心企业间知识转移影响因素，例如，吸收能力、转移能力、转移方式和转移意愿都会对知识转移产生直接影响，因此在以后的知识转移过程中，非核心企业与核心企业要努力将这些因素作为提高知识转移效果的主要方向；非核心企业与核心企业要注意增强彼此之间的相互信任度，维持良好的知识转移情境，加大对信息技术平台的建设力度，建立有效的沟通机制，充分发挥转移媒介的调节作用；技术创新网络中应当建立激励制度，增强核心企业的转移意愿，克服组织结构差异和文化差异对非核心企业与核心企业间知识转移带来的负面影响。

（二）非核心企业应当主动与核心企业建立联系

大部分非核心企业在规模上属于中小企业，在发展初期，非核心企业规模较小，技术创新体系不完善，技术创新能力较弱，如果此时缺乏外部企业支持和帮助，非核心企业的发展将难以为继。通过与技术创新网络中占据大量创新资源的核心企业建立联系，维持良好的合作关系，能够帮助非核心企业获取更多的外部知识资源和相关生产经营经验，有助于改善非核心企业的生存状态。凭借自身知识存量和知识创新能力的不断提升，非核心企业可以顺利实现知识存量的前期积累，逐步建立和完善自身技术创新体系。

（三）非核心企业应当与核心企业构建和谐的知识转移情境

技术创新网络中核心企业与非核心企业的知识转移是双方相互博弈的过程，非核心企业与核心企业在知识转移过程中的目的性不同，非核心企业可以借此提升知识存量进而完善技术创新体系，核心企业可以获得知识价值和实现非核心企业对自身的配套需求。增强彼此双方的相互信任度有利于营造和谐的知识转移情境，因此在知识转移过程中，非核心企业应当与核心企业建立有效的沟通机制，明确创新利益成果分配，避免知识转移

陷入"囚徒困境"。

三、加强非核心企业的 IONE 组织建设

（一）加快 IONE 建设，提高知识存量速度

非核心企业在市场竞争缝隙中寻求发展，组建 IONE 是企业在不改变自身基础创新能力下，通过小微联合、取长补短，构造 IVC 加速创新的一种有效手段。在亚微观层面，同类企业数量较多，产品竞争激烈。那些可以更快完成利用式学习的企业，更容易嵌入上级非核心企业网络中，获取更多的产品份额，保障企业生存。IONE 中具有完整的 IVC 结构，随着组织能力整体加强，非核心企业可以选取更高的价值链水平进行创新活动。IONE 具有组织结构简单和知识后发优势，可以有效提高创新效率，在追赶过程中形成短期优势。进行长链创新需要面临高投资、高风险及长周期的问题，模拟结果显示非核心企业实现对核心企业追赶是一个相对较长的时间。因此，企业持续的知识增长需要保持长久的创新投入，而非核心企业在资金投入、人才配比等创新投入上先天不足，支撑长期创新具有一定难度。通过联合其他企业、部门建立 IONE，利用企业外部资金、技术等完成创新过程，在分担部分风险的同时，也让非核心企业控制更高级别的 IVC，快速将创意转化为产品，增加知识存量，提升企业竞争力。

（二）选取适当的 IONE 结构，优化企业创新路径

非核心企业建立组织稳定性较高的 IONE 更具有竞争优势，在利用式学习的短期效果和探索式学习中，引领式长期效果最好；在中长期的创新中，内化式可获取更多的知识转移量；组织稳定性较低的并列式在短期内效率最低，保持 5 年以上利用式学习产生知识增量最高，但在探索式学习中几乎无效。从企业发展看，引领式优势最大，但企业选择的 IVC 结构越长，越应尽早进入探索式学习。具有内化式模式的企业在中长期占优，应避免与短链创新组合。并列式模式企业合作需要稳定的长期项目或者位于稳定产业集群，具有长期稳定的特性，企业间相互磨合不断培养信任，可以收获更多的知识存量。因此非核心企业在制定追赶策略时需要综合评价自身能

力，选择不同 IVC 结构，适时调整知识学习策略，理性选择恰当路线。具体建议如表 5-1 所示。

表 5-1 非核心企业最优创新模式

知识学习预期		1 年以内	1~3 年	3~5 年	5 年以上
利用式	短链	引领式	引领式	引领式	并列式
	中链	引领式	引领式	并列式	并列式
	长链	引领式	内化式	内化式	并列式
探索式	长中短链	—	—	内化式	引领式

（三）加强开放式创新体系建设，提升亚微观层面企业创新能力

加强开放式创新体系建设，可以使稳定性较好的 IONE 更容易获取创新所需基本要素，同时加强了稳定性较弱的 IONE 知识增长效应。非核心企业创新最优路径，是在创新组织存续时间和创新难度双重约束下的最大知识产出路径。非核心企业隶属于核心企业创新体系，建立 IONE 后可显著增加亚微观层面知识存量。但在实际中，IONE 是一种为构建 IVC 形成的临时企业联盟，联盟维持时间受资金、人才、企业家决策、政府政策等多因素影响，导致非核心企业知识增长具有不确定性。在稳定性较强的创新模式中，可以通过开放式创新环境建设，强化企业结构，使企业持续获取足够的创新投资及知识基础，保障组织稳定，进而保持曲线的峰度及创新周期，避免由知识基础条件不足造成的创新活动时间延长，以及由技术投资资金缺失导致的创新活动夭折。在稳定性较弱的创新模式中，由于非核心企业个体控制力不足，IONE 的低稳定性使多数企业难以维持长期的联合创新，极易造成创新失败。通过建立开放式创新网络，企业可以以增加或更换合作伙伴等方式维持 IVC 的完整，保障创新完成。并且频繁的交互式关联可以实现更大范围内知识生产的动态稳定，使集群内知识溢出达到最大效应。因此，加强开发式创新环境建设有助于形成亚微观层面的知识创新驱动力，优化核心企业创新系统。

四、强化非核心企业的创新网络和创新生态建设

（一）强化"核心—非核心"共生的企业间协同创新网络

创新生态系统需要协同共生的企业网络关系，通过企业之间信息、技术、知识等要素的转移来提升创新绩效。目前，我国初步形成了核心企业领跑、非核心企业跟跑的网络集群结构，但两者之间尚未形成真正意义上的协同共生模式，原因有二：一是核心企业为避免知识共享导致非核心企业挣脱核心企业控制的"控制力悖论现象"的发生；二是非核心企业为避免反向知识溢出诱导其他非核心企业进行投机行为。因此，应当从转变核心企业和非核心企业角色入手，构建协同创新网络关系。首先，核心企业从生产分工的委托方转变为创新合作的"技术发动机"，提供非核心企业开展创新的平台型技术。其次，非核心企业发挥类型多变、数量众多和体制灵活的优势，基于核心企业提供的技术化身"技术试验场"，开展高频率试错创新，提升创新成果转化率并降低创新风险。最后，面对诸如新能源、人工智能等新兴领域，核心企业应扮演"行业探路者"率先入驻，为后期非核心企业大批量涌入而完善基础建设环境。

（二）适度调整系统惯例程度，激发反向知识溢出

过低的系统惯例程度不利于提升系统运营稳定性、缩减技术交易成本以及加强交流频率，但过高的系统惯例程度会造成组织固化和思维惯性，两种情况均不利于创新生态系统持续发展。低成本、高稳定性和高频率交流是创新生态系统中实现探索式学习的前提条件，而固化的组织结构和习惯性思维又是利用式学习的必备基础，两种学习能力孰优孰劣应视创新生态系统发展阶段和内部结构而定。这就要求创新生态系统的网络成员（非核心企业）时刻认清系统发展动态，在遵循既定技术轨道的同时积极捕捉外部市场利基，通过知识4R行为对外部知识进行再创新，强化二元学习能力中的探索式学习能力。作为创新生态系统的管理者（核心企业）应借助网络权力和网络位置完善系统惯例与利用式学习之间的影响机制。例如，通过完善创新租金分配机制激励非核心企业的反向知识溢出行为，以及建立惩罚机制抑制系统内非核心企业以"搭便车"和投机主义为主的组织固

化和思维惰化行为。

五、通过知识转移绩效提升非核心企业区域整体创新能力

（一）政府利用临近性优势对产业园区或创新网络进行合理开发和布局

在我国产业园区或者创新网络的规划与发展中，不应该只加强企业之间的地理临近性，应以企业集聚的形式加强园区内的企业密度。单纯的无规则的扎堆，也就是地理临近，对于企业的成长与创新表现并没有显著作用。政府在关注园区内企业密度的同时，也应当重视有利于园区产业链中同类企业的引进与规划。相比于园内散布着各个行业的企业，同行业或同一产业链上的企业聚集起来，才能产生更好的连锁创新表现。政府应当对企业种类进行合理的规划和布局，并注重培养有活力的竞合关系，促进知识临近与社会临近的形成，构建有助于网络创新的新动力，提升创新网络的整体创新能力。

（二）创新网络中的非核心企业应学会利用临近性来提升自身创新绩效

在企业网络中，企业间的交流包含正式与非正式的交流，合作包括正式与非正式的合作，行为主体之间关系并不是单一的。因此，非核心企业在成长过程中，应注重与其他企业建立正式与非正式关系，尤其是与知识资源较为雄厚的核心企业，学会利用社会临近与其他组织建立联系，提高知识转移绩效和创新表现。此外，不同企业间的认知程度存在着很大的不同，由此造成的知识差异会弱化知识转移绩效。因此，非核心企业在选择知识转移合作伙伴时，应学会利用知识临近，避免由于双方知识距离过大而带来的低效率的知识转移。

（三）企业应主动通过现代通信工具建立临时地理临近开展合作

现代丰富多样信息通信技术的出现使临时地理临近代替了永久地理。

在过去，地理距离是企业间进行沟通和交流的一个主要障碍，频繁的企业间合作聚集在距离相近的区域内。然而，现代丰富多样信息通信技术的出现，给企业带来了更为快速和便捷的沟通方式，这就造成了地理距离不再是阻碍组织间沟通和交流的原因。因而对于企业来说，地理距离相对知识转移的影响会随着通信工具的进步而变得越来越小。这对于现在的企业特别是非核心企业来说，是一个契机，在选择合作伙伴时不再需要过多地顾虑与合作伙伴的地理距离，应通过主动建立临时地理临近来克服永久地理临近。

参考文献

[1] Adner R, Kapoor R. Value creation in innovation ecosystems: How the structure of technological interdependence affects firm performance in new technology generations [J]. Strategic Management Journal, 2010, 31 (3): 306-333.

[2] Almeida P, Kogut B. The exploration of technological diversity and geographic localization in innovation: Start-up firms in the semiconductor industry [J]. Small Business Economics, 1997, 9 (1): 21-31.

[3] Barton B. All-out organizational scrum as an innovation value chain [A] //System Sciences, 2009. HICSS'09. 42nd Hawaii International Conference On [C]. IEEE, 2009: 1-6.

[4] Block J H, Thurik R, Zhou H. What turns knowledge into innovative products? The role of entrepreneurship and knowledge spillovers [J]. Journal of Evolutionary Economics, 2013, 23 (4): 693-718.

[5] Bloom N, Schankerman M, Van Reenen J. Identifying technology spillovers and product market rivalry [J]. Econometrica, 2013, 81 (4): 1347-1393.

[6] Bonaccorsi A, Daraio C. Measuring knowledge spillover effects via conditional nonparametric analysis [C]. Workshop on Agglomeration and Growth in Knowledge-based Societies in Kiel, Germany, 2007.

[7] Bougrain Frederic, Haudeville Bernard. Innovation, collaboration and SMEs internal research capacities [J]. Research Policy, 2002 (31): 735-747.

[8] Burt R S. Structural holes and good ideas [J]. American Journal of Sociology, 2004, 110 (2): 349-399.

[9] Chaminade C, Vang J. Globalisation of knowledge production and regional innovation policy: Supporting specialized hubs in the Bangalore software industry [J]. Research Policy, 2008, 37 (10): 1684-1696.

[10] Chesbrough H. The logic of open innovation: Managing intellectual

property [J]. California Management Review, 2003: 33-58.

[11] Corradini C, De Propris L. Beyond local search: Bridging platforms and inter – sectoral technological integration [J]. Research Policy, 2017, 46 (1): 196-206.

[12] Cristiano Antonelli, Claudio Fassio, The economics of the light economy: Globalization, skill biased technological change and slow growth [EB/OL]. (2013 – 12 – 12) . https: //www. sciencedirect. com/science/article/abs/pii/S00 40162513003053.

[13] D J Teece. Explicating dynamic capabilities: The nature and micro-foundations of (sustainable) enterprise performance [J]. Strategic Management Journal, 2007, 28 (13): 1319-1350 .

[14] Emirbayer M. Manifesto for a relational sociology [J]. American Journal of Sociology, 1997, 103 (2): 281-317.

[15] Erkko Autio, Martin Kenney, Philippe Mustard, Don Siegel, Mike Wright. Entrepreneurial innovation: The importance of context [J]. Research Policy, 2014, 7 (43): 1097-1108.

[16] Freeman C. Networks of innovators: A synthesis of research issues [J]. Researc Policy, 1991, 20 (5): 499-514.

[17] Freeman L C. A set of measures of centrality based on betweenness [J]. Sociometry, 1977: 35-41.

[18] Freeman L C. Research methods in social network analysis [M]. Routledge, 2017.

[19] Frishammar J, Ericsson K, Patel P C. The dark side of knowledge transfer: Exploring knowledge leakage in joint R&D projects [J]. Technovation, 2015 (41): 75-88.

[20] Ganotakis P, Love J H. The innovation value chain in new technology-based firms: Evidence from the U. K. [J]. Journal of Product Innovation Management, 2012, 29 (5): 839-860.

[21] Garnsey E, Leong Y Y. Combining resource-based and evolutionary theory to explain the genesis of bio – net – works [J]. Industry and Innovation, 2008, 15 (6): 669-689.

[22] Gereffi G. International trade and industrial upgrading in the apparel com-

modity chain [J]. Journal of International Economics, 1999, 48 (1): 37-70.

[23] Geroski Paul. Procurement policy as a tool of industrial policy [J]. International Review of Applied Economics, 1990, 4 (2): 182-198.

[24] Grossman G M, Helpman E. Innovation and growth in the global economy [M]. MIT Press, 1993.

[25] Guan J, Liu N. Exploitative and exploratory innovations in knowledge network and collaboration network: A patent analysis in the technological field of nano-energy [J]. Research Policy, 2016, 45 (1): 97-112.

[26] Haeussler Carolin, Patzelt Holger, Zahra Shaker A. Strategic alliances and product development in high technology new firms: The moderating effect of technologicalcapabilities [J]. Journal of Business Venturing, 2012 (3): 217-233.

[27] Hanse M T, Birkinshaw J. The innovation value chain [J]. Harvard Business Review, 2007, 85 (6): 121.

[28] Hauser C, Tappeiner G, Walde J. The learning region: The impact of social capital and weak ties on innovation [J]. Regional Studies, 2007, 41 (1): 75-88.

[29] Imai K, Baba Y. Systemicinnovation and cross-border networks: Transcending markets and hierarehies [C]. OECD Conference on Science, Technology and Economic Growth, Paris, 1989.

[30] Jianxi Luo. Architecture and evolvability of innovation ecosystems [J]. Technological Forecasting & Social Change, 2018, 136 (11): 132-144.

[31] Kalanit Efrat. The direct and indirect impact of culture on innovation [J]. Technovation, 2014, 34 (1): 12-20.

[32] Khunkitti H E S. The life sciences innovation value chain: The importance of life sciences innovation to APEC [C]. Life Sciences Innovation Forum, Phuket, Thailand, 2003.

[33] Kilinc N, Ozturk G B, Yitmen I. The changing role of the client in driving innovation for design - build projects: Stakeholders' perspective [J]. Procedia Economics and Finance, 2015, 21: 279-287.

[34] Kim H, Lee J N, Han J. The role of IT in business ecosystems [J]. Communications of the ACM, 2010, 53 (5): 151-156.

［35］Krzysztof Szczygielski, Wojciech Grabowski, Mehmet Teoman Pamukcu, Vedat Sinan Tandogan. Does government support for private innovation matter? Firm-level evidence from two catching-up countries［J］. Research Policy, 2017（46）：219-237.

［36］Lee J, Gereffi G, Beauvais J. Global value chains and agrifood standards：Challenges and possibilities for smallholders in developing countries［J］. Proceedings of the National Academy of Sciences, 2012, 109（31）：12326-12331.

［37］Lundwall B A. Innovation as an interactive process：From user-producer interaction to the national system of innovation［J］. Technical Change and Economic Theory, 1988, 21（4）：349-369.

［38］M G Jacobides, S G Winter. Capabilities：Structure, agency and evolution［J］. Organization Science, 2012, 23（5）：1365-1381.

［39］M G Jacobides, S G Winter. The co-evolution of capability and transaction costs：Explaining the institutional structure of production［J］. Strategic Management Journal, 2005, 26（5）：395-413.

［40］Miguel-Ángel Galindo, María Teresa Méndez. Entrepreneurship, economic growth, and innovation：Are feedback effects at work?［N］. Journal of Business Research, In Press, Corrected Proof, 2013-12-12.

［41］Nonokai I, Takeuchi H. The Knowledge-creating company［M］. New York：Oxford University Press, 1995.

［42］Norman P M. Protecting knowledge in strategic alliances：Resource and relational characteristics［J］. The Journal of High Technology Management Research, 2002, 13（2）：177-202.

［43］Porter M E, Kramer M R. Creating shared value［J］. Harvard Business Review, 2011, 89（1/2）：62-77.

［44］Powell T. The knowledge value chain（KVC）：How to fix it when it breaks［C］. National Online Meeting. Information Today, Inc. , 1999, 2001（22）：301-312.

［45］Romano A, Passiante G, Del Vecchio P, et al. Theinnovation ecosystem as booster for the innovative entrepreneurship in the smart specialisation strategy［J］. International Journal of Knowledge-Based Development, 2014, 5

(3)：271-288.

［46］Roper S, Arvanitis S. From knowledge to added value: A comparative, panel-data analysis of the innovation value chain in irish and swiss manufacturing firms ［J］. Research Policy, 2012, 41 (6)：1093-1106.

［47］Roper S, Du J, Love J H. The innovation value chain ［M］. Aston Business School, 2006.

［48］Roper S, Hewitt-Dundas N. Knowledge stocks, knowledge flows and innovation: Evidence from matched patents and innovation panel data ［J］. Research Policy, 2015, 44 (7)：1327-1340.

［49］Sami Mahroum, Yasser Al-Saleh. Towards a functional framework for measuring national innovation efficacy ［J］. Technovation, 2013, 33 (10-11)：320-332.

［50］Sawers Jill L, Pretorius Marthinus W, Leon A G Oerlemans. Safeguarding SMEs dynamic capabilities in technology innovative SME-large company partnerships in South Africa ［J］. Technovation, 2008 (28)：171-182.

［51］Storper M. Innovation as collective action: Conventions, products and technologies ［J］. Industrial and Corporate Change, 1996, 5 (3)：761-790.

［52］Teece D J. Firm boundaries, technological innovation, and strategic management ［J］. The Economics of Strategic Planning, 1986, 4 (2)：187-199.

［53］Tödtling F, Kaufmann A. Innovation systems in regions of Europe—A comparative perspective ［J］. European Planning Studies, 1999, 7 (6)：699-717.

［54］Tomlinson Philip R, Fai Felicia M. The nature of SME cooperation and innovation: A multi-scalar and multi-dimensional analysis ［J］. Int. J. Production Economics, 2013 (141)：316-326.

［55］Voudouris Irini, Lioukas Spyros, Iatrelli Maria, Caloghirou Yannis. Effectiveness of technology investment: Impact of internal technological capability, networking and investment's strategic importance ［J］. Technovation, 2012 (7)：400-414.

［56］Yang H, Steensma H K. When do firms rely on their knowledge spillover recipients for guidance in exploring unfamiliar knowledge? ［J］. Research Policy, 2014, 43 (9)：1496-1507.

［57］藏晨. 企业创新能力和技术创新能力的相关性研究［J］. 技术进步与对策，2009（6）：102-105.

［58］曹素璋，高阳，张红宇. 企业创新能力与技术创新模式选择：一个梯度演化模型［J］. 科技进步与对策，2009（1）：79-84.

［59］曾蔚，吴雪晴，吴厚平，张昭. 基于创新价值链的创新资本对中小企业成长性的影响研究［J］. 科技管理研究，2017，37（8）：9-19.

［60］陈搏. 激励"知识的选择性披露"提升区域创新能力研究［J］. 科研管理，2013，34（S1）：11-18.

［61］陈朝月，许治. 政府研发资助不同方式对企业开放式创新的影响探究［J］. 管理学报，2018，15（11）：1655-1662.

［62］陈劲，殷辉，谢芳. 协同创新情景下产学研合作行为的演化博弈仿真分析［J］. 科技进步与对策，2014（3）：1-7.

［63］陈劲等. 协同创新的理论基础与内涵［J］. 科学学研究，2012（9）：161-164.

［64］陈曦，缪小明. 开放式创新企业创新能力和创新绩效的关系研究［J］. 科技管理研究，2012（14）：9-13.

［65］崔静静，程郁. 基于创新价值链视角的企业创新绩效评估［J］. 软科学，2015，29（11）：1-5，10.

［66］刁玉柱. 嵌入全球价值链高端的企业战略延伸研究［D］. 大连：东北财经大学，2014.

［67］范柏乃，单世涛，陆长生. 城市技术创新能力评价指标筛选方法研究［J］. 科学学研究，2002（12）：663-669.

［68］范兆斌，苏晓艳. 全球研发网络、吸收能力与创新价值链动态升级［J］. 经济管理，2008（11）：12-17.

［69］方刚，顾莉莉. 基于 SECI 拓展模型的产学研协同创新知识转化行为研究［J］. 软科学，2019，33（6）：24-29，36.

［70］付敬，朱桂龙，樊霞. 企业合作创新模式与能力的协同演化研究［J］. 中国技术论坛，2013（8）：67-74.

［71］葛宝山，崔月慧. 基于社会网络视角的新创企业知识共享模型构建［J］. 情报科学，2018，36（2）：153-158.

［72］韩宝龙，李琳，刘昱含. 地理邻近性对高新区创新绩效影响效应的实证研究［J］. 科技进步与对策，2010（17）：40-43.

[73] 何建洪，贺昌政. 企业创新能力创新战略对创新绩效的影响研究 [J]，软科学，2012（6）：113-117.

[74] 洪银兴. 产学研协同创新的经济学分析 [J]. 经济学家，2014（1）：56-65.

[75] 洪银兴. 科技创新阶段及其创新价值链分析 [J]. 经济学家，2017（4）：5-12.

[76] 洪勇，苏敬勤. 发展中国家企业创新能力提升因素的实证研究 [J]. 管理科学，2009（8）：12-22.

[77] 胡大立. 我国产业集群全球价值链"低端锁定"战略风险及转型升级路径研究 [J]. 科技进步与对策，2016，33（3）：66-71.

[78] 黄钢，徐玖平，李颖. 科技价值链及创新主体链接模式 [J]. 中国软科学，2006（6）：67-75.

[79] 康淑娟. 行业异质性视角下高技术产业创新价值链效率测度——基于 SFA 修正的三阶段 DEA 模型的实证分析 [J]. 科技管理研究，2017，37（6）：7-12.

[80] 雷家骕，程源，杨湘玉. 技术经济学的基础理论与方法 [M]. 北京：高等教育出版社，2005.

[81] 李冬琴. 政府采购对创新的促进：争议问题综述 [J]. 中国科技论坛，2018（2）：46-54.

[82] 李福刚，王学军. 地理邻近性与区域创新关系探讨 [J]. 中国人口·资源与环境，2007（3）：35-39.

[83] 李慧巍. 协同创新网络学习、集群企业创新能力和企业升级的实证研究 [J]. 生产力研究，2013（2）：164-167.

[84] 李琳，梁瑞. 临时地理邻近对企业合作创新的影响机制 [J]. 社会科学家，2011（7）：65-69.

[85] 李琳，熊雪梅. 产业集群生命周期视角下的地理邻近对集群创新的动态影响——基于对我国汽车产业集群的实证 [J]. 地理研究，2012（11）：2017-2030.

[86] 李瑞晶，李媛媛，金浩. 区域科技金融投入与中小企业创新能力研究——来自中小板和创业板 127 家上市公司数据的经验证据 [J]. 技术经济与管理研究，2017（2）：124-128.

[87] 李姗霖，熊淦，吴亭燕，黄明东. 研究型大学知识溢出路径——

基于知识溢出创业理论 ［J］. 中国高校科技，2017（6）：68-70.

　　［88］李伟，董玉鹏. 协同创新过程中知识产权归属原则 ［J］. 科学学研究，2014（7）：1090-1095.

　　［89］李湘桔，詹勇飞. 西方战略管理理论的发展历程：演进规律及未来趋势 ［J］. 外国经济与管理，2003（2）：7-12.

　　［90］李艳华. 中小企业内、外部知识获取与创新能力提升实证研究 ［J］. 管理科学，2013（5）：19-29.

　　［91］李宇，杨敬. 创新型农业产业价值链整合模式研究——产业融合视角的案例分析 ［J］. 中国软科学，2017（3）：27-36.

　　［92］李贞，杨洪涛. 吸收能力、关系学习及知识整合对企业创新绩效的影响研究——来自科技型中小企业的实证研究 ［J］. 科研管理，2012，33（1）：79-89.

　　［93］刘凤朝，楠丁. 地理邻近对企业创新绩效的影响 ［J］. 科学学研究，2018，36（9）：1708-1715.

　　［94］刘凤朝，邬德林，马荣康. 专利技术许可对企业创新产出的影响研究——三种邻近性的调节作用 ［J］. 科研管理，2015（4）：91-100.

　　［95］刘凤朝，闫菲菲，马荣康，姜滨滨. 邻近性对跨区域研发合作模式的影响研究——基于北京、上海、广东的实证 ［J］. 科研管理，2014（11）：100-108.

　　［96］刘海涛，孙明贵. 关于企业技术创新能力的分析 ［J］. 经济与管理研究，2009（7）：97-100.

　　［97］刘建国. 创新过程技术间断与创新失败的实证研究 ［J］. 科技管理，2016，36（1）：17-21.

　　［98］刘玮. 开放式创新环境下技术密集型企业创新能力演化机理研究 ［D］. 北京：中国地质大学，2013.

　　［99］刘炜，马文聪，樊霞. 产学研合作与企业内部研发的互动关系研究——基于企业技术能力演化的视角 ［J］. 科学学研究，2012（12）：1853-1861.

　　［100］娄景辉，赵岑. 基于资源基础观的中国企业建构技术创新战略与组织结构选择 ［J］. 生产力研究，2010（3）：212-214.

　　［101］马江娜，李华，王方. 中国科技成果转化政策文本分析——基于政策工具和创新价值链双重视角 ［J］. 科技管理研究，2017（7）：

34-42.

[102] 马云俊. 创新价值链视角下我国大中型制造企业创新效率评价 [D]. 沈阳：辽宁大学，2013.

[103] 倪嘉成，李华晶，林汉川. 人力资本、知识转移绩效与创业企业成长——基于互联网情境的跨案例研究 [J]. 研究与发展管理，2018，30（1）：47-59.

[104] 庞瑞芝，杨慧，白雪洁. 转型时期中国大中型工业企业技术创新绩效研究 [J]. 产业经济研究，2009（2）：63-69.

[105] 钱锡红，杨永福，徐万里. 企业网络位置、吸收能力与创新绩效——一个交互效应模型 [J]. 管理世界，2010（5）：118-129.

[106] 冉奥博，刘云. 创新生态系统结构、特征与模式研究 [J]. 科技管理研究，2014（23）：53-58.

[107] 任志成. 战略性新兴产业创新价值链锻造方向选择研究 [J]. 南京社会科学，2013（6）：22-29.

[108] 生延超. 企业创新能力与技术创新方式选择 [J]. 管理科学，2007（8）：23-30.

[109] 孙海玲. 基于创新价值链的创新机制分析 [J]. 企业活力，2007（2）：75.

[110] 陶丹. 产学研协同创新成本分摊机制研究 [J]. 科技进步与对策，2018，35（5）：8-13.

[111] 万幼清，邓明然. 基于知识视角的产业集群协同创新绩效分析 [J]. 科学学与科学技术管理，2007（4）：88-91.

[112] 王大洲. 企业创新网络的进化与治理：一个文献综述 [J]. 科研管理，2001，22（5）：96-103.

[113] 王继承. 中小企业 2013 年度报告 [J]. 中国经济报告，2014（2）：61-67.

[114] 王伟光，侯军利. 资源—市场双重约束下的节俭创新行为：机理与案例 [J]. 技术经济，2016，35（8）：24-30，98.

[115] 邬滋. 高技术产业知识溢出的地理邻近性与技术相似性研究 [J]. 工业技术经济，2017（3）：36-45.

[116] 吴贵生，李纪珍. 技术创新网络和技术外包 [J]. 科研管理，2000，21（4）：33-43.

[117] 夏扬，陈嘉伟．知识溢出、产业集聚、区域经济增长关系研究综述 [J]．商业经济研究，2015（12）：123-125.

[118] 邢源源，陶怡然，李广宇．威廉·鲍莫尔对企业家精神研究的贡献 [J]．经济学动态，2017（5）：151-158.

[119] 徐雨森，洪勇，苏敬勤．后发企业创新能力生成与演进分析 [J]．科学学与科学技术管理，2008（5）：9-14.

[120] 杨莹，于渤，田国双．企业创新能力对技术学习率作用机制研究 [J]．科技进步与对策，2014（7）：85-91.

[121] 姚耀军，施丹燕．互联网金融区域差异化发展的逻辑与检验——路径依赖与政府干预视角 [J]．金融研究，2017（5）：127-142.

[122] 于渤，张涛，郝生宾．重大技术装备制造企业创新能力演进过程及机理研究 [J]．中国软科学，2011（10）：153-164.

[123] 余珮，程阳．我国国家级高新技术园区创新效率的测度与区域比较研究——基于创新价值链视角 [J]．当代财经，2016（12）：3-15.

[124] 余泳泽，刘大勇．创新价值链视角下的我国区域创新效率提升路径研究 [J]．科研管理，2014（5）：27-37.

[125] 余泳泽，刘大勇．我国区域创新效率的空间外溢效应与价值链外溢效应——创新价值链视角下的多维空间面板模型研究 [J]．管理世界，2013（7）：6-187.

[126] 余泳泽，张莹莹，杨晓章．创新价值链视角的创新投入结构与全要素生产率分析 [J]．产经评论，2017，8（3）：31-46.

[127] 余泳泽．我国高技术产业技术创新效率及其影响因素研究 [J]．经济科学，2009（4）：62-74.

[128] 张虎，周迪．创新价值链视角下的区域创新水平地区差距及趋同演变——基于 Dagum 基尼系数分解及空间 Markov 链的实证研究 [J]．研究与发展管理，2016，28（6）：48-60.

[129] 张慧明，蔡银寅．中国制造业如何走出低端锁定——基于面板数据的实证研究 [J]．国际经贸探索，2015（1）：52-65.

[130] 张慧颖，戴万亮．基于创新价值链的区域创新价值链概念模型 [J]．科技进步与对策，2011，28（1）：28-32.

[131] 张文彤．IBM SPSS 数据分析与挖掘实战案例精粹 [M]．北京：清华大学出版社，2013.

［132］张晓林，吴育华．创新价值链及其有效运作的机制分析［J］．大连理工大学学报（社会科学版），2005（9）：23-26.

［133］张长征，蒋晓荣，徐海波．组织设计对知识共享的影响研究［J］．科技进步与对策，2013，30（3）：128-133.

［134］张中强．基于管理维度的制造业与物流业协同创新研究［J］．科技进步与对策，2012（5）：95-98.

［135］赵晓庆，许庆瑞．企业创新能力演化的轨迹［J］．科研管理，2002（1）：70-77.

［136］郑坚，丁云龙．高技术产业技术创新效率评价指标体系的构建［J］．哈尔滨工业大学学报（社会科学版），2007（11）：105-108.

［137］中国企业家调查系统，仲为国，李兰，路江涌，彭泗清，潘建成，郝大海．企业进入创新活跃期：来自中国企业创新动向指数的报告——2016·中国企业家成长与发展专题调查报告［J］．管理世界，2016（6）：67-78.

［138］仲伟俊，梅姝娥，谢园园．产学研合作技术创新模式分析［J］．中国软科学，2009（8）：174-182.

［139］周爱苹，陈岩，翟瑞瑞．创新开放度与企业知识转化——基于中国创新型企业相关数据的研究［J］．中国科技论坛，2017（12）：91-96.

［140］周江华，李纪珍，刘子婿，李子彪．政府创新政策对企业创新绩效的影响机制［J］．技术经济，2017（1）：57-65.

［141］朱桂龙，彭有福．产学研合作创新网络组织模式及其运作机制研究［J］．软科学，2003（4）：49-53.